〈正誤表〉

以下の箇所に誤りがありましたので、
お詫びして訂正申し上げます。

p.29　11行目　（高橋誠一郎逝去の月日）

（誤）一月三十一日 →（正）二月九日

p.38　6行目、8行目、10行目

（誤）茶尾 →（正）茶屋

慶應義塾大学出版会

慶應義塾大学出版会

# はじめに

塩澤修平
（慶應義塾大学経済学部教授）

一人の人物の「人と学問」について語っていただくのに、これほど多彩な、かつそれぞれの分野の一線で活躍しておられる、あるいは斯界の大家であられる方々が集まること自体、驚きである。理論経済学、経済学史、社会思想史、文部・文化行政、美術史、演劇評論などである。これだけでも、高橋誠一郎という人物の大きさがうかがい知れる。

本書は、慶應義塾一五〇年記念事業の一環として経済学部が行った「高橋誠一郎　人と学問」における講演と、関連する二つの講演録から成っている。芸術院院長、学士院会員、文部大臣、国立劇場会長、東京国立博物館館長、映倫委員長、浮世絵の収集家、などなど、どれ一つをとっても重要であるのに、高橋先生はそれらすべてを含め多くの要職を歴任され、学問においても、公職においても、そして趣味の世界においても超一流の足跡を残された。そうした高橋先生の生誕百二十五年を記念して、それぞれの分野における第一人者に、「人と学問」を語っていただくことは大きな意義があると考える。

渡辺保氏は、高橋先生の公人としての公平性と人徳、浮世絵収集家としての平衡感覚の鍵が、物事を相対的に見て突き詰めていく、私小説作家としての高橋先生であるとし、そのように生きた高橋先生が一つの大きな文化現象であり、その文化現象を解きほぐすことこそ新しい文学史の試みになると論じている。

犬丸治氏は、演劇に対する高橋先生の造詣について、幼少時からの高橋先生とそれぞれの時代の演劇界の状況を踏まえて論じている。また高橋先生の明治時代に対する冷静な見方を紹介し、常に前を向いていた教育者としての業績を、国立劇場会長時代の歌舞伎俳優の養成事業を例に論じ、先見と熟慮の人ととらえている。

内藤正人氏は、高橋先生の浮世絵観を「鎖国経済の温床に育成され、開国の嵐に脆くも散った、まことにいじらしい芸術品である」として、高橋先生が一定の見識をもって江戸を冷静にとらえ、当初は浮世絵を特に高く評価していたわけではないとしながらも、浮世絵を通史的に捉えて収集された高橋コレクションの代表的な作品を解説している。

佐藤禎一氏は、高橋先生が吉田内閣の文部大臣になられた前後の状況を紹介され、教育基本法、学校教育法制定時の、そして戦後の混乱期における財政難のなかでの義務教育延長である六・三制実施時の文部大臣としての高橋先生と、それ以降の戦後の文部行政について、最近の世界の動きまで含めて論じている。

猪木武徳氏は、高橋先生の福澤諭吉観について、福澤先生の思想が当初の「無知が貧困の原因」から変化して双方向の因果関係を理解していたとの高橋先生の指摘は重要であるとじている。公と私の二重構造や政府の在り方についても論じ、高橋先生のもつ平衡感覚を、その福澤観から読み取ることができるとしている。

坂本達哉氏は、近世以前の経済学史は、単体で論じることはできないとして、高橋先生における社会思想史を経済学史の方法ととらえている。江戸時代の抑圧された市民階級の自己実現の屈折した形が浮世絵に表れているという高橋先生の考えを紹介し、さらに、その市民階級の自己実現という夢は、維新後に福澤先生が引継ぎ、戦後に高橋先生が民主主義的変革の武器として引き継いだと論じている。

福岡正夫氏は、高橋先生の経済原論について、炯眼によって精選された、消費、生産、交換、分配の四部門から成る経済学説の宝庫ととらえている。現代の理論の観点から、ある意味では一面的に過去の学説をとらえるシュンペーターの方法論とは対照的に、高橋先生の視点は豊富な経済思想の多面性を包含するものとしている。

丸山徹氏は、高橋先生の学問について、書物に対する床しい思いに溢れた、書物を慈しむ学問であり、そのような本との接し方のなかから生まれた、個性を没却して読み抜いた極みに残る硬い一握りの実質を摑もうとすることこそが、その学問だと述べ、その学問の姿勢を「述べテ作ラズ」と捉えている。そして重商主義時代の経済学の代表的な著作について論じている。

私自身は幸運にも、『国富論』刊行二百年にあたる一九七六年に行われ、高橋先生最後の講演となった「国富論と慶應義塾」を聴くことができた。張りのあるお声で、メモ一つ見ることなく、機知に富む軽妙なユーモアを交えつつ学術講演をされる「福澤先生直弟子」の矍鑠たるお姿に、三田へ来て一年目である経済学部三年生として大変な感銘を受けたものである。そのなかで、『国富論』最初の邦訳者は慶應義塾出身で二十六歳の若さで夭折した石川暎作という人であるが、その後にいくつかの邦訳が出されているものの、訳者の誰一人として彼に言及してはいない、真に遺憾である、と一瞬絶句され目頭を押さえられた。先達の業績を正しく評価し、学界の現状を憂う九十二歳の碩学の、学問に対する真摯な姿勢と情愛の深さを目の当たりにした思いであった。高橋先生最後の講演を聴いた一人としてここに記す次第である。

本書に掲載された講演のうち、経済学部が行った連続講演会「高橋誠一郎　人と学問」は三井記念美術館で二〇〇九年秋に開催された「夢と追憶の江戸――高橋誠一郎浮世絵コレクション名品展——」期間中に、三田において、講演終了後にその足で日本橋の「名品展」に向かうという趣向でなされた。当講演会は、後援として日の丸自動車興業株式会社と、現代の政治・経済を考える「樫の会」にご尽力いただいた。また、「名品展」ならびに一連の講演会開催にあたっては、高橋ゼミ出身でもある服部禮次郎高橋コレクション委員、前田富士男慶應義塾大学アート・センター前所長、丸山徹経済学部教授、内藤正人文学部准教授、渡部葉子慶應義塾大学アート・センター准教授をはじめ多くの方々にご尽力いただいた。すべての方々のお名前を挙げることはできないが、心からの謝意を表させていただきたい。

学問が細分化され組織が複雑化した現在、おそらく今後このようなスケールの大きな人物の出現は期待できないと思われるが、しかしこうした時代にあってこそ高橋先生の足跡をたどることは、新たな研究や思索の源泉となるであろう。本書がそれに資することができれば、編者ならびに講演会当時の経済学部長として大きな喜びである。

# 高橋誠一郎　人と学問＊目次

# 凡例

一、本書に収録の文章は、すべて講演録を元に、加筆・修正を施し構成したものである。元となる講演は以下の通りである。講演時から標題を変更したものもある。

「高橋先生の経済原論」（福岡正夫）①
「高橋誠一郎からみた福澤諭吉」（猪木武徳）①
「高橋誠一郎と戦後の文部行政」（佐藤禎一）②
「スミス以前の経済学」（丸山徹）②
「社会思想史家としての高橋誠一郎」（坂本達哉）③
「文学者としての高橋誠一郎」（渡辺保）③
［以上、高橋誠一郎生誕百二十五年記念連続講演会「高橋誠一郎　人と学問」より。
①は二〇〇九年九月十九日、②は同年十月十七日、③は同年十一月七日に講演］
「高橋先生と浮世絵コレクション」（内藤正人）
［高橋誠一郎歿後二十五年記念講演会（二〇〇七年六月八日）より］
「演劇人・高橋誠一郎――観客として・先導者として」（犬丸治）
［第六八八回三田演説会（二〇〇九年七月二十四日）より］

一、初出誌のある場合は各編の末に記した。初出時より適宜修正を加えているものもある。

# 高橋誠一郎　人と学問

# 文学者としての高橋誠一郎

渡辺　保
（演劇評論家）

## 高橋誠一郎、四つの側面

この図書館で私が何かえらそうなことをしゃべる羽目になろうとは、夢にも思いませんでした。私は昭和三十三年に塾の経済学部を出まして就職をいたしました。あまり勉強が好きな学生ではなかったので、図書館にそうしょっちゅう出入りしたわけではありませんが、久しぶりにここへ入ってきてちょっと感慨無量の感じがします。

高橋先生の講義はたぶん昭和三十一年か二年に、塾監局の裏の一号館の二階の大教室で聴かせていただきました。塾監局と一号館の間にキャデラックでしょうか、先生の大きな外車が止まりまして、お降りになった先生が階段から教室へ上がっていらっしゃって、教壇にお立ちになる姿は今でもよく覚えています。「鶴のような」という形容が正しいかどうかは別ですけれど、先生は実に颯爽としていらっしゃって、割合低い声でボソボソと教壇でお話しになる。私はその中身がわかったとは言えないのですが、結構サボらずに毎週講義を聴いておりました。

そのしゃべりつきがどことなく、非常にシックな感じがしたんですね。その十年後にはじめてロンドンへ行った際に、「ああ、高橋先生の講義というのは何となくロンドンの匂いがするなあ」と強く感じまして、久し振りに高橋先生のことを思い出したものです。しかし、匂いだけでは学問はわからないので（笑）、「人と学問」という今日の標題の中で、私は「学問」ではなく「人」の方で、つまり高橋誠一郎という人は「どういう人」であったかという方について、いくつかのことを申し上げたいと思っております。

高橋誠一郎という人がどういう方だったかということを考えるときに、私は四つの側面があると思うのです。第一の側面はむろん「経済学者としての高橋誠一郎」、第二の側面は「公人としての高橋誠一郎」、それから第三の側面は「浮世絵コレクターとしての高橋誠一郎」。そして次が皆さんが意外に思われるかもしれませんが、「文学者としての高橋誠一郎」という観点です。

シェイクスピアの翻訳をしていらっしゃる東大の名誉教授の小田島雄志さんが、この間僕に「おまえの第一、第二、第三、第四というのはいいけど、第三までにしなさい」とおっしゃるんです。「どうしてですか」と聞くと、小田島先生曰く「四つ目は忘れるからだよ。三つ目までしか人間は覚えられないんだ」とおっしゃる。だから、今日は三点だけにします（笑）。どれを一つ省くかと申しますと、第一の「経済学者としての高橋先生」については、僕はお話をする資格もないし、ここでそんなことをしゃべると罰が当たりそうなのでこれは省かせていただいて、三つだけお話ししたいと思います。

## 公人としての高橋誠一郎

まずは、「公人としての高橋誠一郎」ということを考えるべきかと思います。驚くべきは先生の肩書の多さです。これは素晴らしいと思いますよ。丸山徹先生が編纂された『新編随筆慶應義塾』（慶應義塾大学出版会）という本の後ろにある年譜によれば、これだけあります。

まず第一次吉田内閣のときの文部大臣。それから日本芸術院院長。文化財保護委員会の委員長、交詢社理事長、国立博物館館長、舞踊協会会長、映倫の委員長、浮世絵協会の理事長、文楽協会の理事長、そして国立劇場の理事長、これだけの顕職を歴任した方は空前絶後だと思います。むろん慶應義塾の塾長代理もやっておられる。

何でこれだけの顕職を公人としておやりになることができたのか。仕事の中身は別として、なぜ就任したのかということを私は考えるのです。これだけの職を「やってください」と頼まれるという人はそうざらにはいないはずです。おそらく、いま私が申し上げた数々の職を、やりたい人はいっぱいいると思うのです。しかし、やりたいといってもやらせてくれないでしょう。じゃあ高橋先生はなぜやったのかと言えば、やりたいからやったのではない。むしろやりたくない。しかし高橋先生を担ぎ出そうとした人がこれだけいたということです。

少なくともお書きになったものを読むと、どれ一つとして自分でやりたいと思った職はないようです。文部大臣就任の際も何度も断るんだけど、その陰にはどうしても高橋誠一郎にやってもらいたいという人がいて、結局はお引き受けになるんです。ということは、結局これだけの顕職をおやりになったということは、ほかの人が担ぎ出しているわけなんです。

ほかの人が担ぎ出すということはどういうことでしょう。それはこの人にしておけば、公平中立であるから安全だと思うことが第一でしょう。公平であって一党一派に偏しないから安全だというのは、要するに、性格的にある一つのことにのめり込まない、ということが非常に大事な要素だと思います。

一つの例を申し上げますと、発足したばかりの文楽協会の理事長というのは当時非常に難しい職責だったと思います。どういうときに就任されたかと言えば、いよいよ人形浄瑠璃の文楽座というものが、もう採算的にやっていけないから、松竹が切り捨てる。しかし文楽を切り捨てるということは、国家の大事な文化の灯が消えるわけですから、これは大変だというので、大阪府とＮＨＫがお金を出して、文楽協会というものをつくったわけです。しかしそれでも十分なお金がないわけだから運営は非常に厳しい。しかもなおかつ主導権争いみたいなものが発生している。文楽協会成立の前提には戦後の労使紛争から二つの団体にわかれた因会《ちなみかい》と三和会《みつわかい》の合併が前提になっている。この合併が大変だった上に問題がある。しかもＮＨＫと大阪府も一枚岩ではない。それをどうやって裁いていけばいいかというときに、自分の意見を言う人はいらない。それを公平中立に裁いていって何とか維持して、これを次の世代へバトンタッチできるかどうかというところの瀬戸際に立たされていました。そのときに、高橋誠一郎は文楽協会の会長に就任するわけです。ということはやはりＮＨＫの思惑も、大阪府の思惑も、そしてむろん政府の思惑も、「高橋誠一郎ならいいだろう」という、コンセンサスを持っていたということです。

　そういうコンセンサスを与えられる人格というのは何なのかということを、私は考えるわけです。それは普通の言葉で言うと、「人徳がある」ということでしょう。でも人徳だけではないでしょう。人格者はいっぱいいる中でなおかつ高橋誠一郎でなければいけないということになるには、そこの椅子へ何が何でも高橋誠一郎を据えたいという人の意向が強く働いているわけでしょう。それは敵に対しての牽制かもしれないし、あるいは、利害得失を弁えてもらいたいという計算かもしれない。さまざまな思惑が入り乱れた結果には違いないでしょうけども、つまりどちらの陣営からも賛成される無色透明な人だからだと思うのです。ここに高橋先生の非常に大きな特徴が私はあると思うのです。

## 浮世絵コレクターとしての高橋誠一郎

二番目の「浮世絵コレクターとしての高橋誠一郎」ということをお考えください。これから皆さん日本橋へいらして、「高橋誠一郎コレクション」の展覧会をご覧になる方もいらっしゃると思いますが、あれを見るとやはり高橋誠一郎の性格が非常によくわかります。浮世絵の中心は三つありまして、一つは「美人画」です。二つ目は「役者絵」です。そして三つ目は「風景画」です。

先日出たばかりの『わが浮世絵』（三月書房）という高橋先生の浮世絵について書かれた随筆集がありますが、その文章によると先生は美人画では（喜多川）歌麿が嫌いだそうです。ところが驚くべきことに高橋コレクションの中には世界に一枚しかない歌麿の美人画があるんだそうです。肉筆画ではなく版画で一枚しかないというのはどういう事情か私にはよくわからないけど、とにかく世界に一枚しか残っていない。それを持っている。にもかかわらず先生は歌麿嫌いなんです（笑）。じゃあ誰がいいのか、と言えば（鈴木）春信です。

それから役者絵で言うと、これもまたコレクションの中に、当然（東洲斎）写楽があります。でも先生、写楽は嫌いなんです。嫌いならなぜ買うのかというところが問題です。普通のコレクターだったら、嫌いなものは買わないでしょう。だって、写楽はいま一枚いくらするとお思いになりますか。一番高いものは五千万円です。先生の買った時は、そこまで高くなかったでしょうけど、そんな高いものを嫌いなのに買うということにはびっくりします。お金があるということにまず驚きますが、それ以上にそれだけのお金があったら普通別のもの買うんじゃないですか。好きだったら五千万であろうと、何十億であろうと、お買いになるのは結構。でも、先生写楽は嫌いなんですよ。じゃあ誰が好きかと言えば、初代（歌川）豊国。これはもう大変な違いです。

写楽と豊国という人は年代的にライバル関係にあり、両方とも歌舞伎の役者絵を描いているんですが、写楽は寛政六年に彗星のように現れて、寛政七年の一月に十カ月余りでなぜか消えてしまう。豊国も同じ寛政六年に素晴らしい「役者舞台之姿絵」というシリーズを出していて、写楽の描いている対象と、豊国の描いている対象は同じ舞台の同じ役者なんです。そこで高橋先生は写楽嫌い、豊国がいいということになるわけです。

もう一つ風景画ですが、これまた意外なことだと思うのですが、先生は葛飾北斎についていろいろと書いていらっしゃるにもかかわらず北斎が嫌いなんです。じゃあ誰が好きなのと言えば、安藤広重です。

いまの系列をお考えください。嫌いなもの、歌麿、写楽、北斎。このほうがメジャーなのではないですか。そしていまは、値段も高いのではないですか。じゃあ先生の好きなもの、春信、そして豊国、広重。注意していただきたいのはこの感性なんです。最初に挙げた、歌麿、写楽、北斎という系列は、ものすごい個性で自己主張が強い。そして、非常にデフォルメされている。この三人の画家は歌麿は美しさのほうへ、写楽は芝居というもののグロテスクさのほうへ、そして北斎は、いかに日常の風景を画面の上に立体化するかという方向にデフォルメしている。三人は誇張が強いんです、その分個性も強い。

そこで次の系列を見てみましょう。春信はデフォルメされていると言ってもいいです。しかし非常に穏やかなやさしい優雅さをもっています。この人は錦絵を発明した人ですが、色彩豊かでとても渋い感じのする華やかさというものをもった作家です。そして豊国です。豊国と写楽の四代目岩井半四郎という女形を描いた絵をお比べになると非常に違いがよくわかります。四代目岩井半四郎という人は実は「お多福」という渾名《あだな》があったくらいで、女形として、器量は決して良くない。でも器量が良くないのに非常に美しく見えるという芸をもっていたんです。つまり、愛嬌がある。だから「お多福」と言う。観客は「お多福」というのを非難をこめて言ったわけではなくて、半四郎への愛情の表現として使っていたのです。

この「お多福半四郎」を写楽と豊国で比べると非常によくわかるのですが、写楽の描いた「お多福半四郎」は、明らかに見ている人に男性であることがわかるように描いてます。器量の悪さも赤裸々に描いている。女形だから男なのは当たり前じゃないかとお思いになるかもしれないけれど、歌舞伎は夢を売る商売ですから、歌右衛門であれ、梅幸であれ、男がやっていても女に見えるということが前提です。ところが写楽を見ていると明らかに男性である側面が強調されすぎている。そういうところがたぶん先生は嫌いなんでしょう。それに対して豊国は、誰が見ても夢のような女形姿になっている。そういうところが先生はお好きなんです。ということは非常に穏やかな趣味で、バランスのとれた感覚ということです。

広重に至っては、北斎と比べれば違いは明らかです。北斎の富士山がエベレストみたいな富士山なのに対して、広重の富士は実に穏やかな実物の富士山に非常に近い形が描かれている。北斎の「神奈川沖浪裏」とか「赤富士」をご覧になればアッと驚きますけど、広重の描いた富士山をご覧になれば心が穏やかになるという感じがします。

ということは、春信、豊国、広重という三人の画家を、他の嫌いな三人と対比すると、高橋誠一郎という人のもっている感性が、非常に穏やかなバランスのとれた美しさというものを求めているということがわかると思います。

さて、そこから先が問題なんです。でも高橋先生は春画を愛していらした。「そんなものおまえ冗談じゃないよ」という福澤諭吉の言葉を思い出されると思うのですが、福澤先生は春画を否定していらっしゃる。これは教育者として当然のことだと思う。でも高橋先生は「福澤先生ほどおれは潔癖じゃないから、春画はいい」と。そしてそのあと自分がそう思っているとは言わずに、「セックスは人間の官能の極致だから、画家として官能の極致を描こうとするのは当然のことであるという説を唱える人もある」と書いてある。そういう「説を唱える人もある」。自分がそうだと言っていないところが高橋先生非常にうまいんだけど、半分ぐらい賛成らしいです。

僕は春画については、福澤説です。春画を見て楽しむなんて不健康じゃないですか。セックスは行動するものであって、見るものではないのですよ（笑）。だから私は福澤先生のおっしゃるとおり、春画を見るのは不健康だと思います。高橋説には賛成しません。

それでも高橋誠一郎が春画を愛していた事実を否定することはできない。これは何のためだろうかと思います。おそらく高橋誠一郎の中には、人それぞれが持っている心の闇みたいなものがあったのではないでしょうか。そういうことと先ほど申し上げた春信、豊国、広重という趣味、感性とを一緒に考えていただきたいのです。そうすると一見表面的には非常にバランスのとれた豊かな感性の持ち主である人格の陰に、また別な闇があった。そしてその闇の部分に春画というものも成立していいのではないか。それは人間の営みの一つとして認めようじゃないかというところに、高橋先生の「おれは福澤先生ほど潔癖ではない」という言葉のニュアンスがあるのだろうと思うのです。

だから春信、豊国、広重を愛していらっしゃるだけの感性で高橋誠一郎という人を割り切ることはできないだろうと思います。高橋先生の陰にもやっぱり人並の心の闇はあったのではないかということを、いまにして思います。そして、闇があるからこそ写楽や歌麿や北斎が気になるけれども、それが好きだとは言わない。ここが大事なところなのではないか。高橋誠一郎という人格を知るためには、この関係性が私は非常に大事だろうと思います。

私は、自分が歌舞伎なり演劇というものを非常に愛しているために、やはり役者絵中心に見ますよね。高橋先生みたいに浮世絵全般に関して非常な平衡感覚でもって、風景画もいいし、美人画もいい、もっと言えば春画もいい、とは僕はならない。おそらく多くの方々も、自分が興味をもった分野だけを愛するのであって、浮世絵全体を愛することは非常に困難ではないかと思います。でも、高橋誠一郎はそうではないコレクター、つまりなにか特殊な分野にだけ没頭するコレクターっぽい、今風にいえば「オタク」っぽいコレクターではない、コレクターとして成立をした人なんです。これが二番目の特徴だと思います。

## 文学者としての高橋誠一郎

三番目の特徴は、文学者、作家としての高橋誠一郎です。高橋先生を作家だと認めている人は、ここに大勢のお集まりの方の中で僕一人だと思います。なぜ作家として私が認めたいかということを、これからお話しします。

「文筆家としての高橋誠一郎」は、皆さんどなたでもお認めになるでしょう。めったやたらに文章を書いておられますから。私は演劇人としての高橋誠一郎を考えたときに、高橋先生の演劇人としての活躍もさることながら、演劇について書かれた高橋誠一郎の文章が、必ずしも論ずるに値するかどうかちょっと疑問です。高橋先生の文章は大半がプログラムの巻頭に載っている祝辞なんです。皆さん芝居のプログラムのどこを見ますか？　配役は誰だろうか、この芝居はどういう芝居か、というところを見るんじゃないですか？　松竹の会長だの、東宝の社長の書いている巻頭言なんて読まないでしょう。それと同様に、芸術院院長の高橋誠一郎の書いている祝辞なんて誰も読みません。

私は東宝に長い間勤めていましたから、いまはもう時効なので申し上げますけど、東宝のプログラムの会長や社長の巻頭言というのを代筆しました（笑）。会長や社長は忙しいから代筆をして「原稿できましたけど」と秘書室に持っていくと、秘書室が「ああこれでいいんだそうだよ」と言うから、僕はすぐに印刷所へ回すわけ。皆さんは高いお金を払って僕の代筆の社長の挨拶を読んでいるわけです（笑）。読まれなくてもいいから私が代筆しているんであって、それはきれいごとしか書いてないに決まっていますよ。高橋先生の祝辞は多分御自分でお書きになったでしょう。しかしだからといって祝辞の性格がかわるわけではありません。当たりさわりのない文章。高橋先生の文章は、大半がそういうものです。

それでもなおかつ私が作家としての、文学者としての高橋誠一郎を認めたいのは、ここに非常に優れた作品が三本あるからです。その三本は私は、森鷗外や夏目漱石とまではいかないけれども、多くの小説作家のものに匹敵すると思います。嘘だと思ったら読んでいただきたい。一編五分もあれば読めますから。

私が申し上げたい三つは、「峯岸治三君」、「嘘」、そして「大森海岸」というものです（いずれも『大磯箚記』所収）。それではいかに高橋先生が作家として優れていたかということを、私はどうしても今日は証明して帰りたいと思います。

## 「峯岸治三君」という「小説」

まず、「峯岸治三君」です。峯岸治三という慶應の先生が亡くなった。その故人の思い出話という形で書かれている。先生は大磯に王城山荘という家をおもちでしたけど、その山荘が建つ前、若い頃にヨーロッパへいらして結核にかかられました。明治時代は大磯へ行くと結核が治るという説があったので高橋先生も療養に行くんです。大磯には伊藤博文が憲法の草案を書いた滄浪閣という有名なところがあります。その滄浪閣へ大磯詣でをする在野の名士、政治家、朝鮮や中国の高官がいるわけですが、そういう人たちが泊まった招仙閣という宿があるんです。その招仙閣に「梅の家」という離れがあって、それはあるブルジョアが妾のために建てたものだそうですが、そこに先生は静養なさるんです。

高橋先生が書いたこの作品は私はいわゆる私小説だと思いますが、私小説のいちばん大事なことは、語り手である私がどこにいるかはっきりしていることです。「峯岸治三君」という文章はそこが非常にはっきり出ている。静養していた招仙閣の息子が後に慶應大学の教授、峰岸教授（注：原著での表記がこのようになっている）になるという話なんですが、語り手はむろん先生自身です。しかしそれだけではない。私がこれは小説と言ってもいいと思うのは、小説は「何を書くか」よりも、「どう書くか」が問題だからです。この作品が小説であるか、小説に似せたただの散文であるかを区別するのは、「どう書かれたか」です。その「どう書かれたか」という書き方の第一は、誰がしゃべっているかということです。高橋誠一郎は、「自分はこういう体験をした」というところから入っていって、峰岸教授が実はそのときの招仙閣の息子だということがわかってくるプロセスを書いていく。

重要なのは、その峰岸君がまだ子どもで、先生が病気療養しているときの招仙閣の内部の有様です。このときはもう伊藤博文に可愛がられた老主人は死んでいまして、その息子も主人に先だって死んでいる。誰が宿をやっているかというと女二人です、招仙閣は「大きいおかみさん」と「若いおかみさん」というのが二人いるのですが、この女二人が実によく書けているんです。舞台は北ホテルであろうと、グランドホテルであろうと、招仙閣であろうと構わない。そこに出入りした人間たちがどういう人間模様をつくったかということが大事であって、その人間関係を書くということが作家である第一のことだと思うのです。そこがよく書けているから私は小説だというのです。

高橋誠一郎は経済学者になる前に作家になりたかったのではないでしょうか。私はそう疑う根拠はこの作品には十分あると思います。そして、功なり名遂げてから、手すさびにこれを書いていったのではないかとさえ思います。例えば三時になるとこの嫁と姑であるおかみたちが、一日交替でもって「お見舞い」と称して、お菓子とお茶を持って座敷へ挨拶にくる。そのときの女二人の取りなしというのが、実によく書けているんです。

「その頃、老未亡人の方は六十に近く、若未亡人の方は四十には未だ大分間があるように見えた。此の二人の婦人は、毎日午後の三時頃になると、「御機嫌伺い」と称して、女中に茶菓を持たせて、一日代りに、各客室を訪れた。彼の女達はいつも次の間に手をついて、敷居越しに挨拶をした。然し、若い主婦の方は、懃懃な態度、鄭重な言葉の裡にも、何処となく見識張った所があった。「いゝ器量だが、険がある」――口さがない女中達はよくこんなことを言っていた。」

二人とも敷居際から中へ入らないで、鄭重に挨拶をして「お見舞いです」と言って帰る。でも若いおかみは、それはしょうがないからやっているという趣があって、ちょっと見識張ったところがあると詳細に観察して書いていらっしゃる。なかなか書けないですよ、これは。

そういうプロセスが書いてあって、最後に峰岸君の葬式のところで終わっていくわけですが、そのときは、もう招仙閣は二人のおかみも死んで跡形もなくなってしまっている。ただ一人、その招仙閣の生き残りの若い衆が大磯の駅の赤帽になっている。高橋先生はある朝その赤帽に駅で会う。高橋先生は峰岸君の葬儀に行かなかったのだけど、赤帽が、峰岸先生が危篤になったというので私は行きました、と寂しそうに朝の大磯駅のプラットフォームで話をするところで終わっている。とてもいい小説だと思いますよ。先生は小説ではなくノンフィクションをお書きになったつもりかも知れませんけれど、これは立派に小説です。

私は仕事で森鷗外の史伝の中の一つの『澀江抽斎』の原典はどこにあるのかを調べざるを得なくなったことがあります。鷗外が参考にしたのは、澀江保という抽斎の子孫が書き出した書類なんです。それは東大図書館にいまでも残っておりますが、その原稿と、『澀江抽斎』とを比べると、「て・に・を・は」しか違いません。いまだったらパクリですこれは（笑）。しかし、それにもかかわらず、それをそのまま写したように見せて、なおかつ文学にしたのが森鷗外の偉さだと思います。つまり、本当に「て・に・を・は」を変えて小さな表現を変えるだけでガラッと変わったものになる。

そしてそのことは高橋誠一郎にも言えるんです。この「峯岸治三君」に書かれたことはすべて事実だったと思います。大磯駅の赤帽が招仙閣の使用人のなれの果てだったのも事実でしょう。しかし、事実をほんのちょっとずつうまくアレンジして、森鷗外の『澀江抽斎』のような作品を、高橋誠一郎は作ったのだと思います。

## 新派の芝居のような「大森海岸」

「嘘」という話は、お話ししてもよく伝わるかどうかわかりませんので、次に「大森海岸」というものを紹介したいと思います。これは新派の芝居を観るようです。大森海岸にも先生は静養でいらっしゃるんですよ。まだ大磯の山荘はできてない時代で、慶應で講義をなさりながら、病気がおありになるから、一年半ごみごみした東京の空気を吸いたくないと、大森海岸のM旅館というところに滞在することとなる。その当時の大森海岸というのは、いまと違って埋め立てられていなくて、座敷の下まで波がきているような粋なところなんです。しかもその旅館は割烹旅館ですから芸者が入って、宴会もするし料理も出る。そこに一室を借りて静養なさっているんです。

そこが非常によく書けているのですが、そのM旅館に、ある日突然宴会が入る。馬込の地主が芸者を呼んで遊んでいる。ところが芸者と喧嘩になるんです。煩くて寝られない。それでも我慢してうとうとしていると、女中たちが「芸者が悪いんだ。客が怒るのも無理はない」とか言っているのがいろいろ聞こえてくるわけです。

そういうことがあって女中たちとも仲よくなり、ことに板前の周さんという人が、自分に非常に気を遣ってくれて、海鼠《なまこ》で海鼠腸《このわた》を作ってくれる。海鼠腸が結核に効くなんていう話は聞いたことがありませんが、小説というのはそういう細部が大事なんです。いまの小説はみんな細部をカットするからおもしろくない。

さて、このM旅館には三人の息子がいる。そして長男が栄ちゃんといい、とても勉強がよくできるので慶應の普通部へ何とか入れていただけないでしょうかと父親が頼みにきた。でも先生は反対なんです、その子が非常に良くできることは自分でもよくわかっているんだけども、こういう花柳界の男の子が、大学を完全に出るという例は少ない。そのことを自分は知っているから、それなりの教育がほかにあるんじゃないかと高橋先生は思っているわけです。でも、結果的には普通部へ入りました。

そして、先生がその宿を引き上げ七年ほどたった頃、ふとある日気がついて、おれの講義をあの子が聴いているかなと、名簿を調べると確かにいるんです。ところが同級生に聞くと長く欠席しているそうです。それを聞いて先生は、何かあったんだろうか、やはり大学までこの子を行かすべきじゃなかったと思うのですね。

そのうちに関東大震災が起きるんです。そして大磯にやっとつくった王城山荘が潰れてしまう。しょうがないから東京へ通うのにまたこの大森海岸の宿屋へ行くんです。宿屋はとても立派になっているんですが、先生は栄ちゃんがいないということに気がつきます。いろいろ女中たちに聞いてみると、誰もが口を濁すんですが、遠回しにいろいろな人の証言を総合すると、女ができたらしい。その女はこの土地の芸者でちょっと具合が悪い。つまりこの土地でもあんまり上等の芸者でなくて、下のほうの芸者で菊丸というんだそうですが、親父が勘当だという騒ぎになっている。そこでもう家へ寄りつけないという形になってしまった、ということを聞くんです。

そうしたら、関東大震災の後、翌年の一月十五日にも、ものすごい余震がくるんです。高橋先生は飛び起き、台所へ逃げた。その台所は食器が散乱していて、この描写も細密を極めるんですが、その中に寝間着姿でもって甲斐甲斐しく働いてる男女がいる。それが栄ちゃんと菊丸だったんです。

「私は其の時、ふと台所の隅の方で、寝間着かと思われる粗末な着物の裾を端折って甲斐甲斐しく働いている若い男女の姿に目をとめた。蠟燭の光が暗いので顔はよく判らないが、此の家の人たちではないようだ。男はやがて面をあげて、私を見た。と、彼れは裾を下して、毀れ物の間を縫って、私に近づいた。名乗られる迄は全く誰だか判らなかった。栄ちゃんである。七年前の普通部生は、今、慶應義塾大学生にはならずに、稍《や》や苦味走った丹次郎になってしまっていた。女は云う迄もなく菊丸である。私は此の時初めて彼の女を見たのである。色の浅黒い、姿の美しいひとではあったが、決して國直の画く米八でも仇吉でもなかった。」

つまりこれは歌舞伎で有名な『地震加藤』なんです。『地震加藤』とは、秀吉の勘気にふれて蟄居中の加藤清正が伏見の大地震で伏見城が崩れたときに秀吉の身を案じて真っ先に乗り込んでくるドラマで、九代目團十郎がやったんです。この芝居が『地震加藤』というんですが、それと同じなんです。つまり栄ちゃんと菊丸は勘当の身でありながら、この余震のおかげでここへ駆けつけて、おとっつぁん、おっかさんの手伝いをもう一生懸命やっている。その描写も非常に優れているのです。見ると、栄ちゃんは慶應の学生の面影はなくて、さながら『梅暦』の丹次郎みたいだと言うんです。ところが女の菊丸は、仇吉や米八のような一流の芸者ではない。つまり田舎の健康そうな女です。つまり、『梅暦』と『地震加藤』で全体の運びが嫌味にならないようにしながらリアルに先生はこの話を書くわけです。

そのあとどうなったかというと、その二人は許されて、M旅館を経営していくんだけども、その後、市村座の廊下で高橋先生は菊丸に会うんですが、それが最後になった。なぜかというと、そのあと栄ちゃんは病気で死ぬんです。そして、菊丸は栄ちゃんを看取ったあと、麻布の飯倉へ小料理屋を出すんですが、ある日、障子と雨戸に目張りをして、瓦斯《ガス》を引いて自殺をするんです。それは最愛の夫の栄ちゃんと別れた悲しみのために跡追い心中をしたのだと思われた。でももう一説あって、そこが高橋先生のおもしろいところなんだけど、例のバランス感覚だから決して一説だけにこだわらない。その説というのは、実は病気の間に菊丸には男ができた。二階で栄ちゃんが寝てるときに、一階の長火鉢の前にその男が控えてる。栄ちゃんは二階でのた打ち回って、嫉妬のために悶死した。そして、菊丸はその男と別れて、自責の念にかられて自殺をしたという説があるというのです。しかし、少なくとも私は夫恋しさのあまり菊丸が自殺したという説を取りたい、というのが高橋先生の説です。

そしてまたしばらくして、先生がまたM旅館にいくんです。もうそうするとM旅館も様変りして、海岸の埋め立てが始まっていて、座敷の下に波が打ち寄せるというようなことは絶えてなかった、というところでお終いです。この小説は本当に、新派の一場面を見るようです。これは「三田文学」へ載ったんですからある程度文学性を意識していらしたと思うのです。

もう一つ、高橋誠一郎がすごい文学者だと私が思う理由は、この『わが浮世絵』という本の中の文章です。春信から始まって写楽、歌麿のことはすべてこの本の中に書かれていますが、一節だけ「富嶽三十六景」について書かれたところだけ紹介いたしましょう。

「「牛を桃林の野に放ち、馬を華山の陽に放つ」といわれた春日熙々《きき》たる大江戸の空からも、安永・天明の長閑さはしだいに失せて、北斎が『富嶽三十六景』を描いた文政から天保のころになると、もう粛殺たる秋風が吹いていた。この揃い物のなかの最大傑作「凱風快晴」に描かれている青天に漂う鱗雲は雨の兆といわれているが、これにつぐ逸品「山下白雨」になると、まだ碧空を残しながら、雷電煌めき、山下は驟雨となっている。この「赤富士」と「焼富士」とは、あたかも時代を徴示するかのように見える。」(「北斎と富士」)

名文ですね。この数行でもって江戸時代の歴史は言い尽くされています。『富嶽三十六景』で富士山を見る人はいっぱいいるだろうけど、空を見る人はいない。これから皆さんご覧になるんだったら空を見てください。それは高橋誠一郎が皆さんに示した指針です。そして、「絵はこうやって見るものだ」ということを教えてくれると同時に、江戸の文化の流れというものはこの数行に尽きているんです。安永・天明が江戸の絶頂期です。江戸文化はここで頂点を極めるのでありまして、それから寛政を経て文化・文政という風に文化の質が下降して行きまして、そして天保から幕末につながっていく一筋の流れがある。つまり浮世絵の後期の作品の流れを通して江戸の空を思う。江戸の空を思いながら江戸文化の歴史にふれ、そこに生きた人たちを思う。歴史のなかに北斎が生きています。それればかりでなく「歴史」が生きている。これほど江戸文化についての明解な文章というものは、そうざらにはない。

先生は北斎は嫌いなんですよね。でも人間は、得てして好きなものより嫌いなものについて極めて優れた作品が残る傾向があるんですよ。それはなぜかというと、対象化ができるからです。そのようなすぐれた文章がたくさん書かれていますので、ぜひ『わが浮世絵』をお読みになることをお勧めします。

## 高橋誠一郎の「バランス感覚」はどこからきたのか

さて、今日は高橋先生について、三点を申し上げました。第一の点は、公人として非常にバランス感覚に富んだ人格者としての高橋誠一郎。そして第二点は浮世絵コレクターとしても、心の闇を抱えているけれど非常に穏やかな感性とバランス感覚を持った高橋誠一郎です。

このバランス感覚がどこからきたのかというのが私の最大の謎なんです。皆さんの中には立派な紳士もいらっしゃるから、俺はバランス感覚を持っているとお考えになる方もいるでしょう。しかし、私なんか凡人ですからバランス感覚なんてまるでない。私ばかりでなく一般論としてバランス感覚はなかなかもてるものではありません。たとえばある役職に就いたときは、普通はバランス感覚なんて持てないですよ。コレクターになってバランス感覚を持っていたら財産を失います。そういうなかでなおかつバランス感覚を持ち、公人として立派な仕事を残す高橋誠一郎という人の人格の中に、われわれと違う別なものがあったんだと思うのです。それは何かということを解く一つのカギが、三番目の、「文学者としての高橋誠一郎」の存在です。

私は高橋誠一郎はなぜかほどにバランス感覚に優れていたのだろうかという謎を、ずうっと抱えていました。多少その答えに近いかなと思い、今日ご報告したのが「文学者としての高橋誠一郎」ということです。しかも、私小説の作家としての高橋誠一郎です。その文章を通して明らかなことは、すべての対象を自分の位置を失わずに対象化してるということです、そのことが大事なんです。

私小説のなかで物事を相対的に見て突き詰めていくと、どのように見えるのかということを考えたことが高橋誠一郎の公平な人格をつくった大きな理由だと思います。物事を相対化しない限り公平にはなれません。しかし、公平になって物事を相対化するためには、「自分はどこにいるか」という位置が前提です。M旅館にいるか、招仙閣にいるか、慶應義塾にいるかという立場を突き詰めていって、なおかつそこに出入りする芸者の姿やおかみのすがたを描き出す、あるいは、使用人や赤帽の姿を描き出すということに一生懸命になったから、高橋先生はバランス感覚を持てたのではないか。そういう観点からみると、僕は多少はこの謎が解けるのではないかと思います。

日本の文学史というものは非常に偏ったもので、「小説と詩以外は文学史として認めないというのは駄目なんだ」と言ったのは、この間亡くなりました加藤周一です。加藤周一は要するに福澤諭吉の著作も、あるいは、頼山陽の著作も認めるべきだし、日蓮の著作や、『正法眼蔵』も認めるべきだという立場をはじめて取ったわけです。それまでは文学史の常識というのは、そういうものを切り捨ててきた。そういう視点に立つと高橋誠一郎の仕事は無視できないと思います。私はこれからの文学史に高橋誠一郎をぜひ付け加えていただきたいと思うのです。

公人として、コレクターとして、そして作家として生きた高橋誠一郎というのは、一つの大きな文化現象です。そしてその高橋誠一郎という文化現象を解きほぐすことこそ、新しい文学史の試みに私はなるだろうと思うのです。

どうもありがとうございました。

(『三田評論』、二〇一〇年二月号、慶應義塾)

# 演劇人・高橋誠一郎
## ――観客として・先導者として

犬丸　治
（演劇評論家）

### はじめに――「歌舞伎座四代」を見つめて

明治三十一（一八九八）年、慶應義塾普通科に入学したばかりの十四歳の高橋誠一郎少年は、この三田演説館（当時はこの稲荷山ではなくて、塾監局と旧図書館の間にあったそうですが）の壇上に、九月二十四日、「法律と時勢」という演題で講演をされた福澤先生の姿を、はじめて認めました。爾来八十余年、高橋先生と義塾との歩みは始まるのです。

その所縁のあるこの三田演説館で、高橋先生の九十七年になんなんとする人生について、お話しできる機会を得たことは、塾員としてこの上ない光栄に存じます。

高橋先生のご業績については今更申し上げるまでもありません。経済学史・取り分け重商主義研究の泰斗であり、戦後まもなく塾長代理として塾の再建に奔走されました。

また、第一次吉田内閣文部大臣をはじめ、日本芸術院院長など文化行政の要職を歴任、その傍ら、浮世絵の一大コレクターであり、洒脱なエッセイストでもありました。しかし、もう一つの側面、先生と歌舞伎をはじめとした演劇との関わりについては、これまで余り言及されてきませんでした。

私は、高橋先生を直接には存じ上げません。何しろ明治十七（一八八四）年生まれの先生とは、実に七十五歳違います。私の出身は経済学部ですが、三田に進んだ昭和五十五年には、先生は既に二年前から病床にあり、卒業した昭和五十七（一九八二）年の一月三十一日に九十七歳で長逝されました。名物授業「経済学前史」で、その謦咳に接しえなかったのが終生の心残りです。

その風姿も、昭和四十八年、私がまだ普通部生の頃、国立小劇場夏恒例の青年歌舞伎祭での、萬屋一門の勉強会「杉の子会」の幕間のロビーで、長身痩軀の品のある悠揚迫らざる老紳士が、背筋をピンと伸ばして杖をつき、三代目中村時蔵夫人の小川ひなさんとにこやかに談笑しておられる姿を記憶しているのみです。私の「高橋誠一郎体験」はそれだけの貧しいもので、従ってこれからの講演も、丸山徹経済学部教授のご尽力で上梓された高橋先生の『芝居のうわさ』『劇場往来』（青蛙房）などのエッセイ集をはじめ、全て文献・資料を通じて垣間見えた一断面であることを、まずお断りしておきます。

本日、木挽町の歌舞伎座へ寄って来ましたが、「さよなら公演」ということで、劇場正面に設置された「改築休場まであと何日」という電光掲示版に二八一日とありました（二〇〇九年七月二十四日現在）。平成二十五年春には装いを新たにします。

歌舞伎座は明治二十二年の開場以来、明治四十四年に帝劇に対抗して改修され、これが漏電で焼失。大正十四年に新築開場、この時に現在の外観にほぼ近い桃山風の建築になります。しかし、戦時中には娯楽施設は閉鎖、昭和二十年の東京大空襲で被災、昭和二十六年現在の姿に再び復興と、即ち四度姿を変えたわけですが、その全てを高橋先生は客席で、一観客として目撃されたばかりではありません。戦後開場の際には「歌舞伎座開く」と題して、当時文化財保護委員長として祝辞を寄せたのはほかならぬ高橋先生でした。いわば歩く「近代歌舞伎年代記」。以下、「演劇人・高橋誠一郎」を、観客の側面からまず辿っていきますが、文章の性質上敬称は略させていただきます。

## 明治二十一年・歌舞伎の原風景

芝居の通語に「團菊爺い《だんきくじじ》」というのがあります。安藤鶴夫が言い始めたというのですが、何かといえば、明治の名優の九代目市川團十郎、五代目尾上菊五郎を引き合いに出しては、「いやあ、九代目・五代目は良かったよ、お前さんたちに見せたかったよなあ、今の芝居なんかどうしようもねえんだよ」と、やたらとひけらかす劇通の故老を「嫌味な爺さん」と、戦後の若手評論家たちが敬遠・揶揄した言葉です。

その「團菊爺いの三幅対」が、まず松竹重役の遠藤為春《いしゅん》、それから、大根河岸で青物問屋を営んでいた藤浦富太郎（父の三周は三遊亭円朝の後援者として著名）、そして高橋誠一郎といわれております。これに長らく歌舞伎座監事室長を務めた川尻清潭《せいたん》を加えてもいいでしょう。

歌舞伎に限らず、演劇というものは自ずと一過性のものですから、その記憶というものが観た人のなかで美化され、純化されていくのは当然です。三島由紀夫曰わく、「歌舞伎の批評というのは、結局昔は良かったということに尽きる」。と言ってしまったら身も蓋もないのですが、こうした回顧談というのは、歌舞伎にとっては単なる感傷以上の力を持っていたと思います。煩《うるさ》かろうが、こうした故老たちの「老いの繰り言」の端々から浮かび上がってくる、過去の名優たちの残像、それは現状で立ち止まり、過去を振り返って自己を相対化していくという視点を、観客にも、そして役者にも自ずと与えたからです。しかし、私は高橋にはほかの「團菊爺い」と一線を画す、もうひとつの視点があったと考えています。それが実は本日の核心の主題です。

高橋がはじめて歌舞伎を観たのは、明治二十一年四歳のときでした。もともとは新潟の生まれで、代々続いた廻船問屋だったのですが、父の代に経営が傾き、まず父が先に横浜に出て、高橋はあとを追う形で、祖母（実際には祖父の叔母）・母ら家族と一緒に横浜に出てくるのです。

当時は新潟から横浜に出るには、横川からしか汽車がなかった。それまで川蒸気で信濃川を上って、三人引きの人力車で米山を越す。そして碓氷峠は乗合馬車ということで、二泊する旅だったそうです。この祖母がまた大変な女傑で、幕末に新潟と江戸を十何回も往復したことに加え、大変な芝居好きでありまして、横浜に落ち着く前に、まず東京で芝居を観よう、ということで、連れて行かれたのが、明治二十一年九月・浅草吾妻座でした。演目は一番目が『忠臣蔵銘々伝』、二番目が『国性爺合戦』。『忠臣蔵銘々伝』は、いわば忠臣蔵物のオムニバス。「赤垣源蔵徳利の別れ」とか、酒でしくじって義士の盟約から外れてしまう小山田庄左衛門だとか、「弥作の鎌腹」といった、義士外伝を綴った芝居です。『国性爺合戦』はいまでも上演される近松の名作です。当時の座頭は猛優と言われた七代目澤村訥子《とっし》、それに松尾猿之助（後の二代目市川段四郎。現猿之助の曾祖父）、二代目澤村由次郎《よしじろう》という座組でした。由次郎は、幕末明治の美貌の名女形の三代目澤村田之助、この人は結局脱疽《だっそ》で両手、両足を失いながらも芝居を続けて、最後は発狂して死んでしまうという悲惨な運命をたどる人ですけれども、この名優の忘れ形見で、その後夭折しています。『国性爺合戦』で父の当たり役・錦祥女を演じ、高橋はこの由次郎の「紅流し」の場をかすかに覚えていたそうです。これが高橋誠一郎の歌舞伎の「原風景」でした。

ちなみに由次郎の名跡は、後に現・六代目田之助（横綱審議委員としても著名ですが）が前名として四代目由次郎を名乗って復活します。彼は菊五郎劇団の名ピッチャーで鳴らし、小泉信三が大変贔屓にしていました。襲名の際には小泉が引幕を贈っており、由次郎の名は慶應に因縁深いと言えましょう。

吾妻座は小芝居です。小芝居と大芝居の差異は、大芝居は当局から官許を得た正式の劇場であり、小芝居は、花道も引幕もないいわゆる「緞帳芝居」として貶《おとし》められ、画然と区別されていました。

高橋が大芝居を観たのは、同年九月の千歳座（現・明治座）です。当時の名優、九代目市川團十郎・五代目尾上菊五郎・初代市川左團次、いわゆる「團・菊・左」が一堂に会した豪華な顔ぶれでした。

一番目が左團次の宮本無三四・團十郎の笠原随翁軒の『二刀額面棒宮本《にとうのがくあぐるみやもと》』。中幕が左團次の平忠盛・團十郎の油坊主雷玄で『油坊主闇夜墨染《あぶらぼうずやあんやのすみぞめ》』。二番目狂言が菊五郎の日吉丸（即ち木下藤吉

『矢矧日吉月弓張』明治21年９月　千歳座　豊原国周画（早稲田大学演劇博物館蔵）　五代目尾上菊五郎の日吉丸（中央）と九代目市川團十郎の蓮葉与六（右）

郎）と、團十郎の蓮葉与六（蜂須賀小六）の矢矧橋での出会いを描いた『矢矧日吉月弓張《やはぎのひよしつきゆみばり》』、大切は『滑稽俄安宅新関《おどけにわかあたかのしんせき》』でした。

この舞台について高橋は、劇評家の戸板康二との対談（昭和四十三年十一月「国立劇場筋書」）で、「笠原随翁軒の住まいでの無三四のなべぶたの試合が僅かに頭に残っている。中幕が活歴で、何だか真っ暗い舞台で、電気の明りでパッパッと油坊主の姿が見えるぐらい。矢矧の日吉丸は役がよかったせいか、すっかり五代目菊五郎の贔屓になった。九代目團十郎のほうは役が悪かったせいか、終いまで好きになれなかった」旨追憶しています。

この「油坊主」が「電気の明りでパッパッと光る中で見えた」というのは、実感のある回想で、当時の照明はアーク灯でした。今から観ればとても薄暗かったはずです。ですから芝居絵から想像する舞台と、実際高橋が観た印象というのは、かなり違ったものだったでしょう。

余談ですが、掲出した芝居絵は早稲田大学坪内博士記念演劇博物館所蔵のものです。同館には坪内逍遥のコレクションを中心に、役者絵が四七〇〇〇点収蔵されており、データベース化されて、ネット上での検索閲覧が容易です。我々研究者にとってはまさに宝の山です。

高橋の浮世絵コレクションの一部、春画を除き一五〇〇点（なぜ、江戸文化研究に必須の春画を除いたのか、首を傾げますが）は、昭和五十七年慶應義塾に寄贈され、慶應義塾図書館のホームページ中「デジタルギャラリー」で見ることができますが、正直ユーザーの立場から、使い勝手に不満を覚えます。検索機能・書誌データなどの更なる充実が、塾の誇るこの貴重な文化遺産活用に資すると信じます。

さて、高橋と歌舞伎との邂逅の驚きのひとつは、まず歌舞伎を伝えるメディアが錦絵であった頃に、出会いが始まっているということ。無論役者の写真というのはありましたが、現在のブロマイドとは相当趣を異にしています。高橋の歌舞伎体験に錦絵が不可分に結びついていること。つまり、「絵面」によって名優たちの舞台を記憶し、逆に錦絵によって記憶をまた喚起するという享受の仕方で、少年時代を過ごしたことは、後年の高橋の歌舞伎および浮世絵の美意識形成を探る上でも重要なポイントと言えましょう。

そしてもう一点、これらは全て歌舞伎座開場以前であったということ。歌舞伎座開場は、高橋が歌舞伎に触れた翌年、明治二十二年十一月二十一日でした。

明治前期、劇壇の覇権を握っていたのは、興行師・十二代目守田勘弥でした。天保の改革で、「歌舞伎は吉原と並ぶ悪所だ」ということで、江戸三座（中村・森田のち守田〔但し、当時は控櫓の河原崎座〕・市村）は、浅草の猿若町に押し込められてしまいます。それを明治初年に勘弥は自分の守田座を都心の新富町に移転させて「新富座」と改め、名優たちを擁して一時代を画します。その頂点が明治二十年、團・菊・左が天皇皇后の前で歌舞伎を演じた「天覧劇」であり、以後歌舞伎の地位は飛躍的に向上します。

当時は条約改正問題も絡み、「西洋人に観せても恥ずかしくない芝居を」ということで、演劇改良運動がかまびすしい時代でした。その時流に乗ったのが福澤諭吉とともに「両福」と謳われた福地桜痴と千葉勝五郎（吾妻座座主）であり、この二人が歌舞伎座建設を計画しました。歌舞伎座の柿落《こけら》としは『俗説美談黄門記』『六歌仙』。高橋はこの芝居も観ているようです。

高橋が歌舞伎に親しんだのは、まさに九代目團十郎・五代目菊五郎が最も脂の乗り切った時代。しかし、残念ながら高橋はその追憶を対談やエッセイで断片的に語るのみで、まとまった「わが観劇談」というべきものが存在しません。谷崎潤一郎は高橋より二つ年下ですが、観劇歴は明治二十二年からと、ほぼ高橋と一致しています。谷崎の『幼少時代』に描かれた歌舞伎の追憶は、高橋のそれを補いうるものと考えますので、是非ご一読を勧めます。

当時の芝居見物というのはどのようなものであったか。前掲の高橋・戸板対談から引用してみましょう。

「とにかく、私共が芝居を見にゆくということは大へんなことでした。横浜から汽車で出てきて、新橋から車（犬丸註・人力車）に乗って、大抵は武田屋へいきました。そして、食事は、武田屋でやったような気がしますよ。みんな相当、着飾ったんでしょうね。私の母なんか、どんなふうをしていったか覚えていませんが、それから後になって私どもが、自腹を切って、出方をきめて、芝居を見に行くようになりますと、いわゆる雛段を芸者がきれいな姿をして、占領しておりました、旦那を中心にして。ですから、あまりいい席は取れませんでした。横浜の芝居を見る時には、出方が、私共の近所におりまして、その人に頼んで席をとらせておりました」。

ここに出てくる武田屋は、歌舞伎座付きの芝居茶屋、今の文明堂のあたりにありました。横浜に当時富貴楼という料亭があり、女将の富貴楼お倉は伊藤博文や井上馨、陸奥宗光らと親交が深い、いわば政界のフィクサーともいわれた一代の女傑です。このお倉の妹分・お虎が暖簾分けして開いたのがこの武田屋。高橋の父はこのお倉一家と親交があったようで、武田屋を贔屓にしていたのもその関係かもしれません。偶然ですが、小泉信三も父の信吉《のぶきち》が横浜正金銀行頭取であったことから幼少時を横浜で過ごしており、このお倉の思い出をエッセイに書いております（「私の横浜時代」『小泉信三全集十七巻』）。

話を戻すと、歌舞伎の劇場には、江戸時代から武田屋のような専属の芝居茶屋がありました。一般にフリーで芝居を観る人が木戸口から入っても、土間の席が取れるには取れたのですが、芝居茶屋を通せば、桟敷などより良い席が手に入るし、幕間の飲食や、客席への案内といったことを、すべて取り仕切る茶屋は大変重宝な存在でした。芝居がはじまる前後になりますと、茶尾の男衆がお得意先に番付を持ってきて、「来月はこういう芝居をやりますよ、旦那いかがですか」と機嫌を伺ったようです。一方、「出方」というのは、茶尾の男衆と紛らわしいのですが、芝居小屋の従業員で、客を土間に案内したり飲食の世話をしては祝儀を貰うのです。良い席を押えるのも押えないのも、茶尾や出方のさじ加減ひとつ。随分横暴なこともあったようです。そういうことで演劇改良運動では、常にこの芝居茶屋と出方が旧態依然として槍玉に上がり、いわば改良運動の「抵抗勢力」として立ちはだかったわけです。

余談ですが、当時の芝居小屋は椅子席ではなく、土間・桝席でありました。椅子席が導入されるのは明治四十一年の有楽座で、四十四年の帝国劇場も椅子席です。歌舞伎座が椅子席になるのは更に遅くて、震災後のことになります。茶屋については渋沢栄一の孫で、帝大教授から東宮大夫・最高裁判事を務めた穂積重遠《ほづみしげとお》が『歌舞伎思出話』（大河内書店・昭和二十三年）で、「さて當日茶屋に行って、時間が早ければ座敷で休息し、やがて出方の案内で劇場への渡り廊下を歩いて行く。もちろん靴ばき下駄ばきではない。あゆみの板がカタカタと鳴って、歌舞伎の別世界へ吸い込まれる気持が何とも言えない」と述べています。

視覚聴覚から味覚まで、五感を総動員して、日常世界を脱し、非日常のハレの時空にどっぷり浸るというのが芝居見物の愉悦でした。高橋少年もそうした愉悦の中から、歌舞伎体験を血肉化していったものと思われます。

## 明治は「いい時代」だったか――時代を相対化する視点

さて、先ほど高橋はほかの「團菊爺い」とは一線を画すと述べました。それは何か。高橋はこう言い切ります。

「私は明治をあまりいい時代とは思っていません」。

感傷的かつ無条件に過去を追憶するだけではない、時代を突き放した、相対化する視点がそこにはあります。

この言葉が出てくるのは、高橋が『三田評論』に連載した随筆「エピメーテウス」のうち、「明治回顧」（昭和四十三年十一月号）という一篇です。後に『随筆慶應義塾・正』（慶應通信・昭和四十五年）に収録されました。実はこれにはネタもとがあって、読売新聞文化欄にも書いており、一方、『銀座百点』昭和三十八年一月号で、久保田万太郎・円地文子・戸板康二・池田弥三郎がレギュラーの名物コーナー「演劇合評会」（現在の「銀座サロン」）に高橋がゲストで招かれた際に、『「話」のアルバム』と題して話した内容がもとになっています。

「明治回顧」は、昭和四十三年、即ち明治百年に書かれたものです。これに先立つ十年ほど前から、様々な明治回顧の催しが開かれました。昭和三十六年十月六日午後、サントリー美術館でも、作家の小島政二郎・幸田文の明治追懐の対談があり、高橋もそこで傍聴していたのです。小島と幸田の話題は、明治礼賛に終始していました。壇上から高橋の姿を認めた小島は、「高橋さんも無論同感でしょう」と尋ねたのです。それに対する高橋の答えが、先ほどの「私は明治をあまりいい時代とは思っていません」でした。まさに切り口上。池田弥三郎が「銀座百点」の席上、「意地悪じいさん」と冷やかしていますけれども、久保田万太郎の言葉を借りれば、「賭場荒らし」をやったわけです。

「明治回顧」で高橋は、明治の歩みを戦乱に明け暮れた時代と捉えます。不平士族の鬱勃《うつぼつ》たる不満を抑えるために、強引な台湾出兵が行われたのは、高橋が生まれる十年前のこと。生まれた年には、朝鮮で甲申政変が起きます。当時朝鮮の宮廷は、国王・高宗の妃・閔妃一族が勢力を握り、清国寄りの政策をとっていました。これに対して金玉均・朴泳孝といった独立党・開化派が、日本の支援を受けて閔妃一族の一掃を図るべくクーデターを実行したのです。しかし、これは当然当時の朝鮮半島をめぐるパワー・ポリティックスにおいて清国の黙視するところとならず、袁世凱率いる清国軍の介入で、僅か三日で失敗。首謀者の金玉均は日本に亡命し、その後上海で暗殺され、遺体は朝鮮でバラバラにされた上に晒されるという悲惨な結末を迎えるのです。十年後の日清戦争の伏線となった事件でした。

当時朝鮮の外交顧問だった井上角五郎は三田の出身で、このクーデターに関与していました。高橋は「明治回顧」の中で、井上と金玉均の背後には福澤の深い関与と指示があったことを明快に指摘しています。亡命中金玉均は福澤家に匿われ、周囲からは「岩田さん」という偽名で呼ばれていたのです。「明治回顧」で、高橋は続けます。

「明治二十七年八月一日、清国に対して宣戦の布告が発せられた時、十歳の少年だった私の心は慄《おのの》いた。あの大きな清国を相手にして、日本はどうして勝てるだろうか。当時、私の家は横浜にあった。盛り場を通ると、芝居や覗きからくりの血みどろの絵看板が目にはいる。たまたま親につれられて、新派の戦争劇を見物すると、片腕をもがれて、敵将の前に引き出されたた日本の陸軍少尉の無残な姿に目をおおう。日本兵の捕虜の鼻をそげ。目をえぐれと叫ぶ直隷総督李鴻章の残忍ぶりに戦慄する。毎日のように、戦死者の葬式の長い行列に行き合う。今にも、清国兵が日本に上陸して、あらゆる残虐行為を犯すのではないかと思うと恐ろしさに身の毛がよだつ。（中略）小島政二郎氏の生まれたのは、丁度、この日清戦争の年だった。それから十年、北清事変（犬丸註・義和団事件）に次いで、日露戦争が始まった。幸田さんが生まれたのはその頃である。明治を『よき時代』と考える者は、日露戦争以後に物心の附いた人たちに多いのではあるまいか。たび重なる戦争で不感症に陥り、戦勝に酔いしれて、戦えばいつも勝つものと思い込んでいた時代に育った人たちではあるまいか。（略）このごろは明治復古調がいろいろな方面で奏でられている。さて、このリバイバルは長い明治の何処《どこ》に焦点を合せようとするのであるか」。

司馬遼太郎が『坂の上の雲』を産経新聞に連載したのは、ちょうどこの年、昭和四十三年です。高橋の回想には、そうした近代国家日本の青春期・揺籃期への牧歌的な憧れ、憧憬といったものは微塵もありません。明治初年、祖父が覆面の武士に寝込みを襲われて、肩先を切られたということを聞いて育ったという高橋にとって、戦乱の明治こそがまさに実感であったと思います。

時代の証言者として、福澤と朝鮮との関わりにあえて踏み込んでまで、高橋が述べたこの言葉というものは、明治二十二年の大日本帝国憲法発布から今日まで、帝国の誕生と終焉、そして民主国家日本の誕生と、二つの「国体」の生と死を見据えた高橋だからこその発言だと考えます。注目すべきは、「戦乱の明治」という時代観を高橋が獲得していく過程で、日清戦争を取り上げた芝居が大きな役割を果たしていることです。日清戦争劇については、既に松本伸子・兵藤裕己・神山彰・佐谷眞木人ら先学の研究があり、今更付け加えることはないのですが、高橋が観た新派の芝居は、「銀座百点」での座談会だと更に具体的です。

「一番はじめに見たのかどうか忘れましたが、高田実が李鴻章。それで捕虜を李鴻章の前に引き出す。これはまったくつくりごとでしょうが、李鴻章は『目をえぐれ、鼻をそげ』というようなことを命じるんですよ。こっちは十ぐらいの子供でしょう、やがてそういうことが行われるんじゃないか、という恐怖をおぼえましたね。それから川上音二郎が新聞記者になって…それは別の芝居でしたがね、戦地へ行くんですよ、陸軍少尉で手を片っ方、もがれているのですが、伊井蓉峰でしたが、ここから（腕）血が流れている。それがシナの将校の前に呼び出される。シナの方はだれがやったか、忘れましたがね。そこで実にひどいことをされるんですよ。その報道を川上音二郎が遺族に伝えるわけ。藤沢浅二郎がその奥さんなんですよ。陸軍少尉かなんかの奥さんで、そこでみんな泣かされるわけですね。芝居はそんな芝居、それで街を散歩すりゃァ、葬式の長い行列でしょう。毎日のようにですよ。」

十歳の記憶としては実に鮮明で、高橋の博覧強記に改めて驚かされますが、役名から推察して、前半の高田実が登場する芝居というのは、明治二十七年八月三十一日から浅草座で上演された川上一座の『壮絶快絶日清戦争』、そして後半の川上が新聞記者で遺族に伝えるというのが、十二月三日から同じく川上一座が市村座で上演した『川上音二郎戦地見聞日記』と思われます。

文久四（一八六四）年博多に生まれた川上は、一時福澤の書生も務め、自由民権運動の昂揚の中で「自由童子」と名乗り、政談演説を繰り広げて名を挙げます。その後、即興の俄芝居や、上方歌舞伎の影響を経て、明治二十年京都で「改良演劇」を旗揚げし、政府の洋化政策を皮肉っての「オッペケペー節」をひっさげて、明治二十三年には横浜の蔦座、明治二十四年には東京の中村座に進出を果たします。辣腕の川上は、当時の政府要人の人脈を駆使して、自分の新演劇を認知させていきます。明治二十六年、二カ月ほどフランスを外遊して帰ってきた川上は、明治二十七年一月に、浅草座で探偵劇『意外』『又意外』『又々意外』を上演して大当たりを取りますが、川上の名を不動のものにするのがこの「日清戦争劇」だったのです。

日清戦争は、東学党の乱によって疲弊した朝鮮政府が、この年の六月清国軍の救援を要請して、これに対して日本も天津条約に基づいて派兵を決定したことに起因します。豊島沖の海戦で戦端が開かれたのが七月二十五日、宣戦布告が八月一日。その月のうちに早くも川上は『壮絶快絶日清戦争』を仕組んで上演しているのです。維新以来初の本格的な対外戦争である日清戦争は、新聞はじめ様々なメディアがこぞって、熱狂的にその戦況を逐一伝えました。近代国家のもとに国民を収斂させたいという政府側と、ナショナリズムに沸く一般大衆との思惑との一致というものが、そこにあったと思いますが、とりわけ演劇は、メディアとしての訴求力からしても、多大な役割をこの日清戦争で果たしたのです。川上の「国威を輝かし士気を鼓舞するの目的を以て」「観客をして眼前戦地に在て猛将勇士竜戦虎闘の状を見るの思いあらしむ」(「都新聞」広告)という言葉が、その経緯を正直に物語っています。

『壮絶快絶日清戦争』は川上音二郎扮する新聞記者比良田と、藤沢浅二郎扮する同じく新聞記者の水沢の二人が、清国軍に捕らえられてしまう。牢獄に繋がれた二人は、食事も与えられずに、藤沢演じる水沢は衰弱して死んでしまいます。五幕目の「李将軍面前新聞記者痛論の場」が一番の見せ場で、高田実扮する李鴻章の前に川上の比良田が引き出され、「新聞記者の虐待は万国公法(国際法)に抵触している」と滔々と談じ、「清国の朝鮮への内政干渉を見るに忍びず、朝鮮独立を保護するために我々は決然と立ったのだ」と弁じる場面です。

政談・俄芝居で鍛えた川上の弁舌は、従来の歌舞伎の持って回ったセリフ回しに慣れた観衆には、新鮮に、より切実に響きました。実はこの「痛論の場」というのは、川上がパリ外遊中にシャトレ座で観た『北京占領』という芝居の焼き直しであるという考証がなされています（松本伸子「明治演劇論史」演劇出版社・昭和五十五年）。戦争の場も、岡本綺堂が「実弾に擬した南京花火をぱちぱち飛ばして、しきりに観客を脅かしたりし」た（「明治劇談・ランプの下にて」岡倉書房・昭和十年）と回想していますけれども、歌舞伎の竹本や下座音楽から離れて、役者が一目散にターッと花道から駆け入る、駆け出す。あるいは、本気の摑み合いに近い立回りは、観客を大いに熱狂させました。連日浅草座は立錐の余地もない大入りで、日清両兵の花道での立回りでは、興奮した客が舞台に上がって、清国兵役の役者をポカポカに殴りつけるということが、本当にあったようです（「都新聞」九月四日）。

川上に刺激されて、次々と新演劇、歌舞伎で日清戦争劇が上演されるものですから、歌舞伎の総本山・歌舞伎座も黙っておられない。十一月に入ってようやく福地桜痴が筆を執って『海陸連勝日章旗』を上演するわけです。彼らとしては十六年前の明治十一年三月の新富座で、西南戦争を仕組んで八十日間余りの大当たりを取った、いわば成功のセオリーがあったわけですし、川上何するものぞという気概もあったでしょう。ところがこれが散々な不入り。竹の屋こと饗庭《あえば》篁村《こうそん》の劇評を引きます。

「次の團十郎の水夫舵蔵が海軍の勝利の物語は話より外海戦には工夫もなきゆゑ思付ならんが、鰹節を我艦隊に煙草入を支那艦になぞらへ並べての物語トンダお茶番にて、聞ねエ、聞ねエ、夫《それ》から聞ねエなど、八笑人の卒八をソツクリは偖々《さてさて》途方もない妙案、(略)斯ういふものを見せるよりして落語家芝居も鼻を伸すなり。壮士芝居も根を固くするなり。実に聞ねエ如何もそりやア話のやうな芝居といふべし。開場前のでは團十郎は戦争芝居が否といふよりドンチャンパチパチの場へは同優は出ず、此の海戦の物語に十分工夫をして見せるとの事なりしが、其工夫が鰹節と煙草入を並べた聞ねエ演説とは凄い工夫なり」(『竹の屋劇評集』東京堂・昭和二年)。

与三郎ではありませんが「そんなに言わねえでも良いじゃあねえか」。ともかく辛辣な酷評です。團十郎の名誉のために言っておきますが、この人は明治を代表する名優であって、腹芸の人であり、たとえば、『熊谷陣屋』の物語で「中に一際」と語れば、観客の眼前に緋威《ひおどし》の凛々しい若武者と戦場の巷を忽ちに表現できる腕を持っていた人なのです。しかし、いかんせん川上一座のリアルな芝居に酔い、血沸き肉踊る興奮を経験したあとの観客に、團十郎の「鰹節と煙草入」というのは、実に物足りないものに映ったことでしょう。「歌舞伎が古い」と思ったわけではない。その証拠は、この時歌舞伎座の中幕で上演された『傾城反魂香・吃又』が実に好評だったことでも分かります。しかし、観客の感受性は川上の出現によって明らかにどこかが変わった。

　これを機に、團十郎はそれまでの「活歴」といわれた新作の歴史劇に見切りをつけて、内向き志向になり、ライバル菊五郎と組んで、歌舞伎座で古典物に専念していきます。しかし、歌舞伎というのは「傾《かぶ》く」という言葉から来ているように、常に時代の先端を行く。我々の社会現象・風俗・人情を写して、事件があればそれを際モノ的に脚色していくというのが、本来の「現代劇」としての「歌舞伎」の生命でありました。この團十郎の日清戦争を契機とする古典劇への回帰が、「歌舞伎」から「傾く」精神を奪い、確実に古典化への道を歩むことになったわけなのです。

　これに対して、川上の動きは、実に目を瞠《みは》るものがありました。『壮絶快絶日清戦争』を十月七日まで上演したあとで、今度は川上本人自らが戦地を視察して、仁川・平壌、そして清国本土まで足を伸ばし、十一月末に帰国します。そして十二月三日には市村座で、さっそく『川上音二郎戦地見聞日記』を上演するわけです。川上が実にうまいと思うのは、『壮絶快絶日清戦争』というのは、まだ開戦して間もない芝居です。そこで早くも「北京占領」だとか、「渤海沖海戦」だとか、まだ起こってない事態を先取りして脚色しているわけです。言ってみればＳＦ、近未来劇なのです。

　川上はここで、いわば鬱勃とした民衆の国権拡張の願望、こうあってほしいという願望を掬《すく》い取ったわけです。それに続く『戦地見聞日記』は、まさに川上自身が観客の目になって、現地の戦況を生々しくルポルタージュする。さらには、高橋少年が目撃した「街を散歩すりゃァ、葬式の長い行列でしょう」という現実を直視して、藤沢浅二郎扮する戦争未亡人の悲劇で観客の涙を絞るわけです。川上・高田・伊井蓉峰といった新演劇は、ここに地歩を築いていくのです。

こうして、高橋は十歳という感受性豊かな時期に、この川上の日清戦争劇に触れました。観客の喝采と、時として舞台と客席で起こる暴力沙汰。高橋はその底に流れている国民の鬱屈した暗い心情というものを、おそらく敏感に感じ取ったのだと思います。そしてそれが「明治はそんなにいい時代ではない」という思いへと繋がったのではないでしょうか。

一方、高橋は、これまで何ら疑問もなく観ていた歌舞伎に対峙しうる存在として、川上の新演劇が台頭してくる様を目の当たりにしたわけです。それは、知らず知らずのうちに、高橋に単に歌舞伎のみに淫しない、小山内薫の言い方を借りれば「離れた見方」を養ったと私は思います。高橋は、明治三十二年の秋、十五歳のときに、前年脳溢血で倒れてようやく回復した福澤諭吉の散歩の相手を務めるようになりました。そんなとき、高橋は福澤に、「先生は左團次が一番ご贔屓でしょう」と水を向け、芝居談義に花を咲かせたと、「エピメーテウス」の「福澤先生と演劇」（昭和四十二年一月）にあります。その福澤が明治三十四年に死去。そして明治三十六年、高橋が十九の年に五代目尾上菊五郎、ついで九代目市川團十郎が相次いで死去します。まさに「歌舞伎の厄年」であったこの年、それと前後して、後の演劇の流れを占うような様々な動きが堰を切ったように解き放たれます。明治三十七年には、高田実と河合武雄が本郷座に、そして伊井蓉峰が真砂座にそれぞれこもって、新派芝居を打ちます。まさに新派全盛時代の到来です。

これに対して、團菊以後を支えていたのが立女形だった五代目中村芝翫・後の五代目中村歌右衛門です。芝翫は九月の東京座で『不如帰』の浪子を演じ、翌年には東京座で八代目市川高麗蔵（後の七代目松本幸四郎）と『乳姉妹』を演じます。このときは『乳姉妹』は本郷座で河合武雄も上演していて、はからずも新派と歌舞伎が競演するという時代でした。後に歌舞伎座技芸委員長として劇壇に君臨する立女形の芝翫が、新派で女学生やら、洋髪の婦人やらを演じるというのが、明治三十七年だったわけです。

こう説明していましても、なかなか実感が湧いてこないのですが、当時の新派というのは、今の新派からは想像もできない（というと今の新派に礼を欠きますが）のですが、学生はじめ知的エリート層に大変な人気がありました。高橋も、学生時代本郷座に足しげく通ったといいます。高橋が一番感心したのが高田実。この人は「新派の團十郎」と言われました。背が高かったので、高田が出てくると高橋の父が「おう、誠一郎、おまえが出てきたよ」と言ったそうです。横浜で高田や秋月桂太郎・喜多村緑郎らが演じた『百万円』などの芝居を観ていると、川上音二郎や山口定雄ともまるで違う面白さがあって、高橋は「これから新派の時代がくるんじゃないかとすら思った」と、前掲の戸板との対談で述べております。

## 残照と黎明――「大河内時代」の記憶

歌舞伎座は大正二年八月に松竹の経営へと移ります。それまでの経緯は、まるで『三国志』さながらの血沸き肉躍る葛藤と駆け引きがあり、興味は尽きないのですが、ここでは割愛させていただきます。ただ、ここで述べておきたいのは、明治の末、大河内輝剛が社長を務めていた、いわゆる「大河内時代」の歌舞伎座です。歌舞伎座の株は、明治三十九年九月、先ほど朝鮮の甲申事変にも登場した井上角五郎と藤山雷太といった、三田系の財界人が握りました。この時社長に推されたのが、やはり慶應出身の財界人・大河内輝剛でした。彼は芝翫を役者のトップ・技芸委員長に据えて、積極的な攻めの経営を行っていきます。

たとえば、年表を繰っていくと、明治四十年十一月には『忠臣蔵』を、役者が一日ごとに何役も替わる「一日替わり」で興行しています。翌明治四十一年三月には、七代目市川團蔵の仁木弾正が語り草となっている「先代萩」がかかっています。團蔵は七代目團十郎の膝下で育った大変な名優だったのですけれども、狷介な性格も手伝って九代目團十郎と仲違いをし、地方や小芝居を回らざるを得なかった。その團蔵が久々に歌舞伎座に出勤したのです。某日大雪で交通や電気が止まり、東京中の蠟燭を買い切って芝居を開けた日がありました。この時に、仁木弾正の床下の幕外の引っ込みが、余り暗かったものですから、周囲が気を利かせて、差出し（差金の先に蠟燭を立てた面灯り《つらあか》という照明）を使って仁木の顔に当てたのです。これが暗闇のなかで蠟燭の光で仁木の蒼白悽愴な貌が浮かび上がって、「古風だ」というので大変評判になりました。

と言うと、芝居好きの方は意外と思う向きもあるでしょう。今の「床下」は皆この型でやっています。実はこのときの偶然の産物が定着してしまったのです。團蔵の仁木は、まさに明治歌舞伎の最後の残照でありました。さらに、懸賞金五百円で当選した長谷川時雨の脚本『花王丸』。これは女流劇作家の作品を取り上げるきっかけでありましたし、座付作者の榎本虎彦などを存分に使って、芝翫・八百蔵（七代目中車）・高麗蔵・羽左衛門・梅幸・訥升（七代目宗十郎）・菊五郎・吉右衛門・猿之助（二代目段四郎）ら、当時の歌舞伎の粋を、実によく使いこなしたのが大河内時代でありました（その背後には、名参謀・田村成義の辣腕がありました）。

当時を回想して高橋は、大河内は「次から次にと面白い芝居を見せてくれた」として、「一日替りの『忠臣蔵』などは何度見物に出かけたことであろう。今の俳優諸君には、少しお気の毒な言い草ではあるが、きのう見た芝居よりもかえってはっきりと瞼に浮かんでくる」（「梅幸・羽左衛門」「歌舞伎座筋書」昭和三十年十月）と述べています。

さて、ここで視点を転じて、戦後の高橋の文章を引きます。昭和二十六年十月演舞場の芸術祭公演・新派の花柳章太郎の富姫、伊志井寛の図書之助による泉鏡花『天守物語』の初演が、大変優れた舞台だったのに不入りだったことについて、高橋は遺憾としたうえで、興行側が萎縮するのを恐れて、次のように書いています。

「しかし、安全第一主義で、紋切形の芝居ばかりやられていたのでは演劇は亡びる。どうせ、企業には危険がつきものだ。ことに芝居は水物だ。今年は一つ大胆に勇敢に日本の演劇文化の向上に役立つような出し物を出してもらいたい。危険視された『源氏物語』が大当たりをとった経験もある」

そして、冒険的な興行を厭わない企業家が出現して、歌舞伎・新派・新劇の壁を取り払った流動性のある劇団を組織してほしい、「既成の観客に媚びることは結局、演劇頽廃のもとである」と、こう結んでいます（「今年の演劇界に望む」「東京新聞」昭和二十六年十二月三十一日）。この清新な感覚の念頭には、おそらく、大河内輝剛時代の歌舞伎座の隆盛への追憶があったのではないでしょうか。

さて、大河内時代の歌舞伎座を支えて高橋を魅了して止まなかったのが、花形から中堅に育った十五代目市村羽左衛門・六代目尾上梅幸の放つ芸の魅力でありました。「團菊左歿後、しばらく薄らぎかけた歌舞伎の魅力は、この二人を中心として再び私に迫ってきた。團菊左在世の頃は、芝居といえば、いつも、両親につれられて、行きつけの茶屋から桟敷で見物するものと心得ていた私は、ここに初めて、三、四人の友人と一緒に、顔馴染の出方の案内で土間の一桝に陣取る客となった。身銭を切って芝居を見る興味を与えたものは梅幸・羽左衛門の二人であった。ついには、人生最大の快楽は観劇であるとまで考えるようになった」（前掲「歌舞伎座筋書」）。

やはり若いうちは、大御所たちの演技よりも、自分より約一回り違う役者、例えば孝夫（現仁左衛門）・玉三郎の世代に夢中になって、その成長と歩みを共にする、ということは、皆さんにも経験がおありでしょう。高橋にとって、梅幸・羽左衛門はまさにそうした存在であったと思います。

明治四十二年十一月、これは大河内輝剛が五十六歳で没した翌月のことですが、日本の演劇史に一時代を画す事件が起こります。小山内薫による自由劇場の設立と、有楽座での小山内演出・二代目市川左團次主演によるイプセン作『ジョン・ガブリエル・ボルクマン』の上演です。『ボルクマン』が上演された有楽座（今のマリオンの辺り）ですが、座席は当時九〇〇、二日間上演されましたから一八〇〇人、それは日本人が翻案劇ではなくて翻訳で、初めて西洋の近代劇を上演するという瞬間に立ち会う、まさにプラチナチケットだったわけですが、客席には、翻訳を担当した森鷗外もいました。鷗外はその経験を小説『青年』に描いています。谷崎潤一郎もいました。島崎藤村も、久米正雄もいました。正宗白鳥のように、つまらなかったから途中で帰って寝てしまった人もいれば、吉井勇のように「ボルクマン見しかへり路の酔い心地」と感動を詠じた人もいました。

その中に、若き日の高橋もいたのです。人から買わされたのだそうですけども（戸板との対談）、彼にとって初めての新劇でした。二代目左團次は、高橋が四歳のときにはじめて大芝居を観たとき、市川ぼたんの名前で子役で出ていました。それ以来彼を観続けた高橋からしますと、ヨーロッパを外遊して新知識を吸収して、情熱に燃えるこの新進気鋭の二代目左團次の成長に目を瞠ったものと思います。

「私は生まれて初めて、こんな重苦しい芝居を見た。私は原作の力と左團次の線の太い演技に圧しつぶされたようになって、夜遅く横浜の宅に帰った。その後、彼が大正、昭和の劇壇にノッシ、ノッシと大きな足跡を印するごとに、私はいつも、舞台を強く踏みしめながら独語するボルクマンの姿を思い出すのである」（「二代目左團次追懐」「歌舞伎座筋書」昭和三十一年三月）。

小山内薫は「役者を素人にする」と言い、あくまで脚本に即したリアルな新しい芝居を求めました。左團次のボルクマンが、歌舞伎役者としての肉体をどれだけ殺して演じ抜いたかは、百年たった今（そうなのです。「自由劇場」から百年なのです。せめて小山内の胸像を旧図書館裏から陽のあたる場所へ移しましょう）では想像するほかはありません。しかし高橋に、単に役者の芸ではなくて「左團次の演技」「原作の力」という言葉で感動を呼び起こす、新たな演劇の出現、それを痛感させる力強さがこのボルクマンにはあったことだけは間違いありません。

「大河内時代」という、まさに歌舞伎の残照、そして、自由劇場という革新の息吹、高橋は、翌々年の三月の帝劇の開場は見届け、「帝劇でいえば二度目の興行」、つまり五月の文芸協会『ハムレット』での松井須磨子のオフィーリアを瞼に焼き付けて、二十七歳で英国留学の途につきます。

## 先導者としての実践・国立劇場会長

ここで、駆け足で文化行政の先導者としての高橋の歩みを振り返ります。

昭和二十一年四月、高橋は空襲で大火傷を負った小泉塾長に代わって、塾長代理に就任します。昭和二十二年の一月、第一次吉田内閣の文部大臣に就任。そこには名伯楽・吉田茂による懇請があったのです。吉田茂の実父は、高知の自由民権の闘士・竹内綱ですが、養父は吉田健三です。吉田健三は実は若い頃高橋の祖父の家に身を寄せていました。その後吉田健三は横浜に出て成功を収めて、大富豪になったのです。高橋が四歳のときに横浜に出てきて、最初の落ち着き先も、実は吉田健三の持っていた借家でした。

高橋と吉田茂の初対面は、昭和二十一年の夏、日吉キャンパスがまだGHQに接収され、その返還の陳情の席でした。吉田茂も当然養父と高橋家の経緯を知っていたようです。おそらくそれが、文部大臣に高橋をという、吉田の発想につながったものだと思います。因みに武見太郎は、前任の文部大臣・田中耕太郎から高橋への交代は、実は天皇制護持に高橋のリベラルな識見が必要であったことを示唆しています(「文相就任前後」「三田評論〈追悼・高橋誠一郎〉」昭和五十七年六月号)。昭和天皇に「帝室論」を進講した高橋ですから肯ける面もありますが、ここでは立ち入りません。

さて、昭和二十三年の八月、日本芸術院長に就任。以後、三十年以上の長きにわたって、その職にありました。日本芸術院は前年の十二月、帝国芸術院から改称。当時高橋は学士院会員でしたが、芸術院会員でありませんでした。しかし、日本芸術院令の第五条には「院長は芸術に関して卓越した識見を有する者のうち、会員の選挙により過半数の投票を得た者につき、文部大臣が任命する」とあり、芸術院会員であることが要件ではなかったのです。この院長の選考には、芸術院会員の和田英作・鏑木清方・山本有三・志賀直哉・信時潔・喜多六平太があたりました。ちなみにこのときの高橋の対抗馬は柳田國男。柳田は民俗学者であると同時に、貴族院書記官長、最後の枢密顧問官を歴任した官僚でもありました。柳田國男が仮にここで院長になっていたら、芸術院のカラーというのはかなり変わっていたのではないかと私は考えます。

昭和二十四年には、法隆寺の金堂、金閣寺の焼失が相次ぎ、文化財の保護が改めて叫ばれた時期でした。この年の十月、上野の東京国立博物館長に就任した高橋（高橋「回想九十年」所収の「博物館と私」によると、実はこの館長就任も吉田人事で、吉田が高橋を先日焼失した大磯の吉田邸に招いて懇請したのです）は、翌二十五年の十月、文化財保護委員会の委員長に就任します。文化財保護委員会が発展したのが、いまの文化庁ということになります。

高橋は、その痩軀のうちに、ときには「文化財保護行政は官僚だけに任せてはおけない」と、それこそ官僚を前に言ってのける強さを持っていました。「委員会は単に文化財の保護だけではなく、その活用もまた使命とする。（略）文化的鎖国主義をとるものでもなく、徒に懐古主義に沈湎するものでもない」（「文化財保護法施行二十周年記念式典」『三田評論』昭和四十五年十二月）という高橋の言葉は、先ほどの演劇興行のあり方の提言と相通じる若々しさ、瑞々しさ、積極性の発露と言えましょう。

しかし、何といっても「演劇人・高橋誠一郎」の面目を示したのが、国立劇場会長の職であったのではないでしょうか。国立劇場は、明治の演劇改良運動以来、たびたび浮かんでは消えていましたが、戦後片山内閣のときに一時建設が浮上するも、頓挫します。その後、重要無形文化財（いわゆる「人間国宝」）制度が成立したことが呼び水になり、昭和三十年、高橋が委員長を務める文化財保護委員会のもとに諮問委員会が出来、翌年には小宮豊隆が会長となって、設立準備協議会が置かれます。高橋はその過程にすべて関わってきました。そして、昭和四十一年七月、特殊法人国立劇場が設立され、高橋は会長に就任、十一月の柿落し・通し狂言『菅原伝授手習鑑』を迎えるわけです。高橋の在任は、昭和五十二年四月まで十年以上の長きに及びました。

　国立劇場の仕事のひとつは、埋もれていた古典狂言の復活。そして、従来の各狂言から名場面を選りすぐった「みどり狂言方式」ではなくて、戯曲の通し上演によって筋をわかりやすく観客に伝えるということでありました。『雷神不動北山桜』『桜姫東文章』『盟三五大切《かみかけてさんごたいせつ》』『摂州合邦辻』の通しなどはその大きな成果と言えましょう。

　しかし、最大の業績は、高橋の時代に始まった歌舞伎俳優の養成事業ではなかったでしょうか。国立劇場が開場した当時、歌舞伎俳優二六八名のうち、三十歳未満は六九名と、僅か二四％にしか過ぎませんでした。大変な高齢化社会であったのです。当時素人から歌舞伎役者になる途と言えば、役者の弟子になるか、部屋子になるかしかなかった。昭和四十五年に始まった俳優養成は、歌舞伎にまったくの素人を、二年の研修期間でとにかく一人前の役者に育てようというもので、当初はさまざまな反発や抵抗、困難がありました。しかし、立ち回り・とんぼ・化粧・義太夫・踊り・長唄・三味線・作法と、一流の講師たちによる厳しい教えによく応えて、現在は研修生は一九期生を数えています。そして、現在の歌舞伎俳優の三割は研修生出身で占められ、歌舞伎にはもはや欠くことができない存在となっております。

立ち回りの捕り手や、並びの腰元といった、いわゆる一生「三階さん」・大部屋さんで終わる人々を育てるだけではないか、という危惧も当然ありました。しかし、すでに一期生は芸歴四十年に迫ろうという、もはや押しも押されもせぬ中堅でありますし、猿之助一門に加わって主役を張る若手が出てきていることは、皆様ご承知のとおりです。いまや、国立劇場の後身である独立行政法人日本芸術文化振興会による養成事業は、歌舞伎のみならず、下座音楽、歌舞伎竹本、文楽、寄席囃子、太神楽、能のワキ・囃子方・狂言方まで多岐に及んでおります。

先日、歌舞伎俳優養成の初期の卒業生で、いまもバリバリの活躍をしているあるワキの役者と話す機会がありました。私が「高橋先生のこと覚えていらっしゃいますか」と聞くと、「高橋先生のことはよく覚えています。授業に実際に浮世絵を持ち込んで、親切に教えてくださいました。いまになってその有り難さがわかります」と、本当に懐かしそうに話してくれました。それを聞いて私は、高橋が播いた種が、いまの大歌舞伎に見事に大輪の花を咲かせているということに、大変嬉しく、かつ心強く思った次第です。

## 結語 プロメーテウス・高橋誠一郎

高橋が『三田評論』に連載した大河随筆「エピメーテウス」は、ギリシャ神話に登場する神の名前に由来します。いわゆる「パンドラの箱」を開けてしまい、人類に災厄をもたらしてしまったがために、エピメーテウスという名前は、「後で考える、後悔する、後思案」を意味します。しかし、これをエッセイの題名に敢えて冠したのは、高橋誠一郎一流の自己韜晦と言えましょう。

今日も繰り返し述べましたように、高橋は自らを育んだ明治という時代を美化することもなく、むしろ相対化するという視点を持っていました。そして、歌舞伎以外の新派・新劇が勃興する揺籃期に多感な青春を送り、その混沌のなかで、より芝居への愛情と識見を深め、常に歌舞伎をはじめ演劇の将来に思いを馳せて、九十七年の人生を常に前を向いて歩んだ高橋こそは、「先見と熟慮の人」であり、即ちゼウスから天上の火を人類にもたらした、エピメーテウスの弟、プロメーテウスの名こそ相応しいことをここに申し上げ、甚だ蕪雑な講演の結論としたいと思います。本日はご清聴ありがとうございました。

(『三田評論』、二〇〇九年十月号、慶應義塾)

# 高橋先生と浮世絵コレクション

内藤　正人
（慶應義塾大学文学部准教授、慶應義塾大学アート・センター副所長）

本日は「高橋先生と浮世絵コレクション」というテーマで、お話をさせていただこうと思います。先輩諸兄の前で高橋先生の浮世絵のことについてお話しするのは僭越ではございますが、江戸時代の絵画史を専門とする者として、高橋浮世絵コレクションの蒐集経緯と、「慶應義塾高橋誠一郎浮世絵コレクション」の作品について、若干の話題を提供させていただければと思います。

まず本題に入る前に、高橋誠一郎先生遺愛の作品である「柳下納涼美人図」について、ご紹介したいと思います。この作品は絹本に描かれている掛軸（絹地）の絵画作品で、月がさやけき光を落とす夏に、柳の下で女性が涼んでいる美人図です。女性が夏の薄物を着て風に吹かれているという、まことに江戸情緒に溢れる作品で、作者は勝川春章、江戸時代後期の一七八〇年代に美人画で人気を博した人気浮世絵師です。

高橋先生はこの作品をご所蔵だったのですが、たいへんお気に入りだったとみえて、しばしばご自分のご著書に挿絵として掲載されています。高橋先生がこの作品をお好きだった理由は、おそらくこの美人画が、天明という浮世絵黄金期の象徴として、何ともたおやかで優しい容貌をしているからかもしれません。私事で恐縮ですが、実は私も勝川春章が大好きで、昔から自分の研究テーマにもしているのですが、そうしたきっかけのひとつが、本日お話しする「高橋コレクション」にもありました。

## 高橋誠一郎先生の浮世絵観

私は子どもの頃から高橋浮世絵コレクションのファンだったのですが、残念ながら生前に先生の謦咳《けいがい》に接することはできませんでした。江戸時代の軟らかい文学、戯作や浮世絵などに関心をもっておりましたので、高橋先生のご高名はよく存じ上げておりまして、いずれお目にかかりたいと願っておりましたが、残念ながら叶いませんでした。しかし幸い自宅に先生のご著書、『新修浮世絵二百五十年』(中央公論美術出版)という本があったり、昭和四十年代に頻繁に開催された「高橋コレクション」の展覧会を子どものころに拝見しており、現在では高橋先生のコレクションを通じて、先生の浮世絵に対するお考えに少しでも近づきたい、そういうものを活かしたいと思っておりました。

そんななかで、今回このようなテーマをいただき、浮世絵というものを高橋先生がどのように考えていたのか、改めていろいろ調べてみたのですが、前に触れた『新修浮世絵二百五十年』の冒頭に入っている言葉に、

「浮世絵版画は二百年にわたるわが鎖国経済の温床に育成され、開国の嵐に脆くも散った、まことにいじらしい芸術品である」

とあり、まさに高橋先生のお考えはこの言葉に尽きるのではないかと思います。高橋先生は優れた経済学者でありまして、このお言葉は経済学者としての視点をもよく反映した、浮世絵に対する非常に正しい理解だと思っております。

誤解がないようにあえて申し上げておきますと、高橋先生は手放しで江戸時代の卑俗な絵画や版画、もしくは文学作品をすべて歓迎しているわけではないんです。たとえば、「江戸っ子」というものに対するイメージは、決してすべてが称揚すべきものではないということなども書いておられます。「江戸っ子」は、先生のお言葉では封建社会にあっても「怒るときに怒らず」非常

にだらしないものだ、という考え方です。昨今の江戸ブームというのは、ともすれば古きよき江戸、という幻想に彩られているといった懸念もあるのですが、先生の場合はすでに一定の見識をもって、いたずらな江戸趣味に耽溺することなく、江戸を冷静に捉えておられることがよくわかります。

## 浮世絵とは何か

それでは、まずその浮世絵とはどういうものかといいますと、これは江戸時代に主に庶民によって楽しまれ、また享受された版画、絵画作品のことです。寛文年間末期、一六七〇年のはじめぐらいに成立しまして、その後長く庶民を中心とした人々に愛され、幕末を経て明治には次第に廃れていきます。江戸時代は二百七十年ほど続きましたが、その間二世紀以上にもわたり存続した、特色ある作品群ということになります。たとえばヨーロッパを見回しても、これほどまでに庶民を含めた多くの人たちが、人間の生活の営みを題材とする絵画や版画を楽しんだり、身近に置いて眺めたという文化を持つ国はなく、まさに日本独特の文化の所産です。

これを、明治から日本に入ってきた西洋美術の概念に当てはめると、「風俗画」にもっとも近く、多くの場合そこに分類されています。浮世絵は主に江戸幕府が必要悪として作り上げた吉原遊郭の遊女と、それからもう一つの悪所と言われた歌舞伎小屋の歌舞伎役者たち、これらを主題とした作品として積極的に展開していきます。そしてそれ以外にも、江戸後期になりますと風景画や武者絵、静物画といったものも作られるようになっていきます。

## 幼少時の回顧談

それでは高橋先生が、どのように浮世絵とコンタクトをとっていったのか。あるいはまた、本格的に浮世絵蒐集を始めるようになるまでの歩みを、先生の残されたお言葉からたどっていきたいと思います。

これは高橋先生の幼少時の回顧談で、「読書自伝」という文章に載っているのですが、

「私は（中略）横浜の山の手の閑静な住宅地で育ったのであるが、幼少の頃から戸外で友達と遊び戯れることよりも、室内で絵紙（私共は錦絵のことを斯う呼んでいた）や絵本を取り出して、独りで眺めているほうが遥かに楽しかった」

と述懐しておられます。

先生は子どもの頃から友達と外で走り回って泥まみれになるよりも、静かにお家でこういったものを見ている少年だったようです。別の文章でも、友達が家に呼びにくるのを、「あとで」といってなかなか外へ出ていかなかったという思い出も、綴っています。

同じ横浜時代には、

「私の家では、はじめ『やまと新聞』を取つていた。（中略）これに挿入せられている月岡芳年や水野年方の画を覗き込んでいた」（同上）

とあります。「やまと新聞」というのは明治のはじめ、近代の新聞が始まった頃に刊行されたものですが、当時の新聞は付録がついていたんです。いまでも大手の新聞社の中には、継続購読者に複製画などをプレゼントするところもあるのですが、当時は木版画の浮世絵を付録としていたところがありました。

これはその「やまと新聞」付録第五号「近世人物誌」という木版画の浮世絵作品で、月岡芳年の作です。後に野に下った江藤新平を描いたものですが、先生の時代には子どもの頃からこうしたものが身近にあり、多くの少年少女が親しく眺めていました。

それから次のような文章もあります。

「父が初めて土産に買ってきてくれた錦絵は、この芳年の『月百姿』の中の四枚であり、母から小遣を持つことを許されて、自分で近所の絵草子屋で買ったのが同じく芳年最後の連作『新形三十六怪撰』の中の二枚だった」（「浮世絵ブーム」）

と回顧しておられます。

この「月百姿　大物海上月」は「高橋コレクション」にも入っておりますが、これは高橋先生がのちに再び集め直された蒐集品で、子どもの頃からずっとお持ちのものではありません。作者の芳年という明治期の浮世絵師は、当時たいへん人気があった絵師ですが、明治十年代のおしまいから二十年代のはじめにかけて、最晩年に月をモチーフにした版画集を出しています。向かって左で如意棒を持っている猿が「孫悟空」です。月にちなんだ和漢のさまざまなモチーフを、いわば狂言回しのように使いながら描き上げた版画集です。

もう一つの「新形三十六怪撰」は同じく芳年の怪談もので、右が『四谷怪談』、屏風のところからスーッと帯のようなものが垂れて蛇体になっていて、乳飲み子に乳を与える女性に近づくという、非常に怪しい絵です。それから、向かって左側もお化けに関係するものです。当時の少年たちは、浮世絵師が作るこういった卑俗な作品に、かなり親しんでいたことがわかります。

## 義塾での浮世絵との出会い

高橋先生は、長じて慶應義塾に入られ、福澤諭吉先生の門下となられるわけですが、義塾に入ったあとも浮世絵とは少しつながりがあります。これも同じく「読書自伝」のなかに、

「本当に江戸時代の戯作者と浮世絵師とによって書き残された、すでに滅び去った世界に私を導き入れて呉れたものは、三田の福澤家の図書室であった。十五、六歳の頃であったと思う。（中略）殊に忘れ難いものは木版本の味であった。京伝と豊国、馬琴と北斎、種彦と国貞、春水と国直、などの名コンビによって描き出される廃頽美の不思議な魅力は今も全く忘れ去ることが出来ぬ」

と書いておられます。これには面白い話があって、あるとき高橋先生がこれら福澤家の蔵書を見ていたところ、不意に福澤先生が覗かれた。高橋先生は学問書ではなくまずいものを見ていたのを知られてはと思い、とっさに本を閉じた、というようなことが書いてありますが、このとき高橋先生が眺めていたのはまさに江戸時代の戯作だったんです。当然のことながら明治の知識階級

は、江戸時代の浮世絵と戯作などは頽廃的・非生産的で、あまりよろしくないと思っていたわけですが、高橋先生はこの時にそういった一抹の後ろめたさを感じたと述べておられます。

図は、「滝沢馬琴と葛飾北斎」のコンビで作られた、文化年間に出された小説『椿説弓張月』です。小説の文章の間にときどき北斎がモノクロで挿絵を入れています。この絵は波に向かって刀をお腹に刺して自害している場面です。こうした刺激的なシーンや猟奇的な情景が挿絵には多いのですが、しかし先生は木版画の味わいというものに魅せられたと書いておられます。

ところがその後の高橋先生は、すんなりと浮世絵を愛するようになるわけではないのです。大正九年に慶應義塾の当時の図書館（現在の旧図書館）で、浮世絵のコレクターであり画商でもあった小林文七所蔵の浮世絵展覧会が開かれています。高橋先生は当時の鎌田栄吉塾長と一緒にその展覧会をご覧になって、鎌田塾長に「浮世絵版画なんて低級愚劣なものですね」とわざわざ言ったと記憶しておられます。大正九年というと、高橋先生が海外に留学をされて、経済学を本格的に勉強されたあと、日本に戻って研究を深められていた頃であり、その当時は浮世絵などという対象物を、ことさらに高く評価したり称揚するということはなかったようです。

もちろん当時の慶應義塾には、永井荷風や野口米次郎といった、文学者であり、かつ浮世絵に非常に深い愛情を注がれた方々もおられたわけですが、当時の識者たちにほぼ共通する浮世絵に対する見方は、高橋先生のこのときのお言葉に代弁されるのではないかと思います。

## 浮世絵蒐集のきっかけと歩み

しかし、その直後に大きな出来事が起こりますが、それが大正十二年の関東大震災です。これは多くの人命が失われ、また幾多の家財が灰燼に帰した悲しむべき天災です。高橋先生も父親の代からずっと集めてこられた古書画の類、骨董品をすべて失い、烏有《うゆう》に帰したということで、大きな喪失感を味わった。そこで、何か安直なもので芸術心を満足させようとして、蒐集を始めたのが浮世絵版画なのだと、これもご自身の残した言葉のなかにあります。

別の著述では、高橋先生は、いわゆる骨董のようなものを集め直すには財力に乏しく、比較的安値な浮世絵で穴のあいた自分の心を満たそうと集め始めた、と謙遜しておられるのですが、これらは間違いなく、ノスタルジーから蒐集を始められたということを表すものと思います。子どもの頃に親しんでいた対象物を、もう一度集めてみたい。喪失感に包まれた高橋先生にとりましては、それらは大事なアイテムだったのだと思います。

先生はかつて幼少時に、月岡芳年をはじめとする著名な明治の浮世絵師がいちばん親しみのあるものだったため、当初は浮世絵の作品中でもとくに「明治のもの」を集めていたと言っておられます。また、「浮世絵版画を集め出した頃には、ただ一途に美人画に走つた」とも。明治の美人画はどういうものか、いま「高橋コレクション」に収められているもので見ますと、たとえば、「見立多以尽・どうもねむったい」、「松風村雨」、これらが月岡芳年の描いた版画ですが、こうしたものになります。後者は在原行平の伝説を絵画化したものですが、浜の美しい姉妹、松風と村雨とのやり取りを描いたもので、謡曲、能などの主題としても有名です。

他には「松竹梅湯嶋掛額」などがあり、これは恋に身を焦がした有名な八百屋お七の絵姿を版画にしたものですが、こういったものをまず集め始められたのだろうと思われます。

そして、その後だんだん時代を遡り、本格的に江戸時代の浮世絵蒐集へと足を踏み入れていくわけです。

## 「高橋コレクション」の紹介

さて、ここからは「高橋コレクション」の名品をご紹介したいと思います。「高橋コレクション」は現在この慶應義塾に一五〇〇点ほど収められており、そのほとんどが版画です。高橋先生は浮世絵の中でもことに版画を愛され、特に本格的に蒐集を始められて以降は、浮世絵を通史的に捉えたいというお考えから、浮世絵の発生期から近代明治期のものまでを系統的に集めていらっしゃいました。

## 「衝立のかげ」　菱川師宣

コレクションの浮世絵作品の中で一番古い作品は、おそらくこの「衝立のかげ」だろうと思います。作者は菱川師宣という人で、寛文年間の終わり、一六七二年に、江戸ではじめて「師宣」という自らの署名を入れた作品を発表して、大量の風俗画、つまり一枚刷りの版画、版本、そして絵画作品を世に送り出して、大評判を呼んだ絵師で、現在では浮世絵の元祖と考えられている人です。これは版画の作品ですが、その正体は春画です。「春画」は江戸期には十二枚でワンセットというのが原則ですが、その巻頭の一枚、もしくは二枚目には、大体比較的穏当な図柄が入っています。これにはもろもろ俗説もあるのですが、たぶん誤って開けてしまったときにすぐに閲覧を止められるようになっている、と言われています。こうした図柄のあとにはかなり刺激的な性描写が続くわけですが、この版画も春画セットの冒頭の図だと言われています。

あまり知られていないのですが、浮世絵版画というのは最初の七〜八十年ほどは、非常に素朴なモノクローム版画だったんです。

それではなぜこの作品に色がついているかと言いますと、これは絵筆を握って、いわば塗り絵のように墨摺のモノクロ版画に彩色をしたんです。これは版画で作るよりもよほど手間のかかる作業です。この絵の下にいるのが美少年、上が女性ですが、仲睦まじい光景です。遠くに水流が描き添えられ、菊が咲いているという秋の景色です。開け放たれた室内での男女の睦み合う姿を描いたものです。
「高橋コレクション」には実は、春画の作品もずいぶんあったのですが、残念ながらそれらは慶應義塾には入っておりません。しかし、本来はそれらも総合して「高橋コレクション」であるという認識は、必要だと思います。

**「これもち　富沢辰十郎」「わたなべきおう　山下又太郎」　二代鳥居清信**

次にご紹介するのは宝暦年間ぐらいの作品と言われる「紅摺絵」という作品です。まだ浮世絵版画が色を獲得してから間もない頃に作られた作品で、木版の版木を使って色彩を刷り込む色刷りの、まだ初期段階の作品のため、色数が非常に少ないものです。
これは鳥居派という、当時歌舞伎の役者絵をもっぱら稼業とした絵師たちが作った役者絵の版画で、当時の俳優たちとその役名が書いてあります。

**「風流四季歌仙・二月水辺梅」　鈴木春信**

ここからは錦絵版画のご紹介になります。浮世絵の歴史の後期、一七六五年＝明和二年に初めて浮世絵にはカラフルな多色摺が生まれるのですが、今日日本人の知る有名な浮世絵師たちは、みなこの時代以降の人たちです。

これはその最初の担い手であった鈴木春信の版画で、「風流四季歌仙」という作品の中の「二月水辺梅」です。このシリーズは十二カ月の月次のテーマで描かれた版画なんですが、非常に上品で綺麗な色合いの作品です。明治以降、浮世絵版画は大量に海外へ輸出されていったわけですが、この版画に限っては、「高橋コレクション」にあるものが揃い物としても、またコンディションとしても最も優れている。ですからこの作品が画集に出てくるときには、ほとんど「高橋コレクション」の図柄が使われています。

これは高橋先生もたいへん愛された作品で、先生の書き残されたものによりますと、当時の三井家当主、三井高陽氏から譲られた品だということです。現在交詢社の中に高橋先生の絵が掛けられていると思いますが、その絵の背景に描き込まれている絵もこれになっています。先生が身近に置いて楽しまれていたということでしょう。

風流四季歌仙・二月水辺梅
（慶應義塾蔵）

春信は特にそうなんですが、この時代は男女があまり分け隔てのない描写です。「ユニセックスの美」とよく言いますが、男性も本当にか弱く、可愛らしい。当然女性も愛らしい顔立ちをしていて、男女の顔にあまり差異がありません。

## 「風流四季歌仙・仲秋」　鈴木春信

これも同じ連絡の作品で、「仲秋」ですから、旧暦の八月十五日の月の様子を描いたものです。床几《しょうぎ》を出して、その上で涼んでいる女性の姿を描いています。おそらく本日お集まりの諸兄姉の中には、かつて高橋先生のお住まいの大磯で、夜に版画のコレクションをご覧になった方も多くいらっしゃるのではないかと思うのですが、先生はふだん身近にこういうものを置いて、人に見せることを非常に楽しんでおられたという話を伺っております。

## 「九世市村羽左衛門・三世瀬川菊之丞・二世市川八百蔵」　勝川春章

これは本日冒頭にご紹介した美人画と同じく勝川春章の作品ですが、春章は作画前半期は役者絵版画の名人だったんです。高橋先生は歌舞伎についても深い理解を示しておられ、当然のことながら歌舞伎絵も愛されて、こうしたものを多数集められたわけです。

歌舞伎の役者絵というのは、これ以前の浮世絵版画では、役者の顔を描くときにはどれもまったく同じ顔で描いていたんです。ところがこの春章という人は、俳優の顔の特徴、たとえば、目が大きい、丸い、鼻がつんもり高いとか、顔立ちが細面であるなどといった諸点を記号化して描き分けた先駆者で、役者絵の大きな変革期に大功があった人です。

**「雪のあした」　鳥居清長**

これは鳥居清長という天明年間、十代徳川家治将軍の時代、田沼時代に活躍した絵師の作品です。よく田沼意次は重商主義政策だったと言われているのですが、私はバブル政策だと理解しておりまして、時代の徒花《あだばな》のように、いろいろな庶民の文化が華々しく花開いていくなかでは、清長が筆頭の人気美人画家です。モデルのように小顔で、八等身型のすらりとした美人像を描いて、当時たいへんな人気がありました。

**「高島おひさ」　喜多川歌麿**

この清長のあとに出てきたのが有名な歌麿です。歌麿は寛政年間、一七九〇年代に美人画の版画を出した。特に「大首絵」というのを美人画ではじめて発表した人です。美人画も往時は全身像を描くのが当たり前だったのですが、この歌麿はちょっとした着想で、従来役者絵にあった「大首絵」という上半身のバストアップによる美人画を、はじめて作り出しました。そして美人画といえば歌麿、というように、爆発的に人気を獲得していきます。

またこの作品そのものかどうかはわからないのですが、高橋先生の随筆を読んでおりましたら、自分の持っている歌麿の版画のうち数枚は友人からもらったものだが、その友人とは昔からの親しい人で津田信吾君だ、と書いてあるんです。津田さんは鐘淵紡績の会長を務められた人で、高橋先生と非常に親しかった。あるときその津田さんから、自分の歌麿の版画を見てほしいと言われ、見に行ったところ、作品はすごくよかったんだけれども、保存が悪かった。高橋先生がそのことを津田さんに伝えると、津田さんのご機嫌を損ねてしまったと言うんです。しかしそののち津田さんのほうから高橋先生に、ぜひ自分の歌麿の版画をもらってくれないかというお話がきて、先生はありがたく頂戴したというのですが、津田さんが亡くなられたあと、その版画を見るたびに亡き友人を思い出し懐旧の情にかられた、と書いておられます。あるいは「高島おひさ」などの作品がそうなのではないかと思います。

## 「教訓親の目鑑」歌麿

高橋先生は歌麿もずいぶんお好きだったので、「高橋コレクション」には歌麿の後期の名品がたくさん入っています。歌麿というのはおもしろくて、女性の内面の心理描写がたいへん得意だった。ですから、恋に身を焦がしている、あるいは拗ねている、などの女性のこと細かな心の襞を捉えるのに長じています。これは「理口者」という、お利口な女性が『絵本太閤記』という読本小説を読んでいる絵で、おとなしい女の子の設定で描いたのだと思います。

**「市川蝦蔵の竹村定之進」　東洲斎写楽**

歌麿の時代と重なりますが、写楽も登場してきます。「高橋コレクション」にはこの写楽の名品も入っています。これはだれもが知っている名品「市川蝦蔵の竹村定之進」という作品です。

**「源頼光公館土蜘作妖怪図」　歌川国芳**

このあたりから十九世紀になります。これは源頼光、四天王を描いたもので、水野忠邦の天保の改革を揶揄したという有名な版画で、諷刺画と評判が立ち、そのため版元が自主回収した、いわくつきの品です。

**「富嶽三十六景・神奈川沖浪裏」　葛飾北斎**

それから北斎の名画として知られる「富嶽三十六景」、これは天保前期、北斎の晩年七十代の作品ですが、これもかなりたくさんの数がコレクションに納められています。これは巨大な波に翻弄される小舟を描いた版画、「神奈川沖浪裏」です。

実際には浮世絵版画というのは、江戸後期に一般的な大判といっても、今のA4判よりも少し大きいぐらいで、かなり小さなサイズの作品です。しかも保存状態が非常にデリケートなため、展示に使うことが頻繁にはできないという難点があります。

**「東海道五十三次之内・庄野」　歌川広重**

それから歌川広重も高橋先生はたいへん愛されまして、膨大な数量の作品をお持ちでした。広重といえばこの「東海道五十三次」ですが、天保四年から刊行されたこの出世作の中でもいちばん知られている「庄野」。現在の三重県内の宿場の旅情を、旅人が「白雨」（にわか雨）に翻弄される姿によって描いたものです。

**「木曾海道六十九次之内・望月」　広重**

その他にも中仙道、木曾街道の街道物があり、これは長野県の望月の夜の旅人たちを描いた絵です。これは京都の円山四条派の画風と、西洋の透視図法とがとり入れられた幕末の版画です。

**「名所江戸百景・大はしあたけの夕立」　広重**

広重の作品では版画が非常に多く、コレクションには「名所江戸百景」という最晩年の大作も含まれています。先ほど申し上げましたように、「高橋コレクション」というのは皮肉にも、大正の大震災がなければ成立しなかったとも私は思っているのですが、実はこの「名所江戸百景」が刊行される直前にも、幕末に安政の大地震というのが起きています。江戸の町中が灰燼に帰してしまうような大きな天災だったのですが、広重は地震のあと急速に復興していく江戸の町をイ

大はしあたけの夕立（慶應義塾蔵）

メージして、この作品を描いたのではないかという新説が出ています。だとすれば高橋先生がこのシリーズを見るときには、格別の思いがあったのではないかと思います。

## 「新撰東錦絵・於富与三郎話」月岡芳年

最後は、「新撰東錦絵」をご紹介したいと思います。これは高橋先生が子どもの頃に親しんだ月岡芳年の版画ですが、この作品についてはある面白いエピソードがあります。

生前に高橋先生と面識のあった方からのお話なんですが、この絵の向かって右側は有名な「切られの与三郎」です。上背のあるすらりとした長身のハンサムな与三郎の姿を、高橋先生はご自身の姿に重ねていたようだ、というエピソードを、その方から聞いたことがあります。実際高橋先生はこの同じ版画で異なる刷りのものを複数お持ちになっていたので、その話はあながち間違いではないのではないかと思っております。

以上、非常に足早にご紹介をさせていただきました。高橋先生は経済学者としての軸足をしっかりと保ち続けながら、一方でたいへんに浮世絵を愛し、浮世絵に関する著述をたくさん残されたということで、私はたいへん尊敬しております。ですから、本日その一端を改めて私自身も復習してみたいと思い、少しお時間を頂戴した次第です。ご清聴ありがとうございました。

(『三田評論』、二〇〇七年十月号、慶應義塾)

# 高橋誠一郎と戦後の文部行政

佐藤禎一
（東京国立博物館名誉館長、元ユネスコ代表部特命全権大使）

ただいまご紹介をいただきました、佐藤でございます。

私は慶應を出ておりませんし、文部省に入省しましたのが昭和三十九年でして、高橋文相といえば何と申しましても歴史上の人物でございます。したがってなかなかこのようなテーマで講演をするのは荷が重いのですが、高橋先生は東京国立博物館長も務めておられた大先輩というご縁もございますので、少し勉強をしてまいりましたので、その成果をお話し申し上げようかと思います。

## 高橋誠一郎の文部大臣就任

高橋先生は慶應義塾の塾長代理をされましたが、その後文部大臣、それから、日本学士院会員、日本芸術院院長、東京国立博物館館長、そして長く交詢社の理事長もなさいまして、多様なお仕事をこなしてこられました。そのなかで、何と申しましても特筆すべきは、戦後間もない頃、「教育基本法」と、それから「学校教育法」がつくられたときの文部大臣だったことです。今日まで続いております「六・三制」の現在の学校制度の礎をつくった方であります。それがどういう意味であったのかということを、少しお話をさせていただきます。

講演を準備するにあたって、いろいろと資料を調べてみたのですが、たまたま二年前の『三田評論』(『三田評論』二〇〇七年十月号)に、鳥居泰彦先生が「高橋文部大臣と教育基本法」という講演録を載せておられます。教育基本法制定のときの高橋文部大臣就任のいきさつ等々が書いてありますが、おそらく鳥居先生はその六十年後に教育基本法のはじめての改正案を答申した中教審の会長でいらっしゃったので、大変思い入れもあってお話をされたのかと思うわけです。

また、『証言戦後の文教行政』(木田宏監修)というものが第一法規出版というところから昭和六十二年に出ております。これはオーラル・ヒストリーといいますか、当時の関係者の話を聞き取って本にしたものです。監修者は木田宏と申しまして、文部次官をして、そのあと国立教育研究所長をしていた人です。その中でも出てきますが、剱木《けんのき》亨弘さんと有光次郎さんのお二人の話がとくに興味を引くところです。

剱木さんは『戦後文教風雲録』というものを昭和五十二年に小学館から出版をしておられます。剱木さんは高橋大臣のときの秘書課長で、高橋大臣の時代に秘書課長から学校教育局次長になられて、教育基本法や学校教育法の実務的な責任者でいらっしゃったわけですが、その後次官になり、内閣官房副長官をなさって、そのあと異例ですけど、また文部次官になります。それから参議院議員、文部大臣を歴任します。戦後のちょうど高橋文部大臣の頃のことをいろいろ書き残していらっしゃいます。

それから『有光次郎日記』というものがあります。これは第一法規出版から平成元年に出されたものですが、有光次郎という方は、高橋文部大臣就任と同時に文部次官に就任した方でいらっしゃいます。一年余りで退任されて、そのあとは芸術院長を長くなさいました。この方が克明な日記をつけておられます。

こういったものが私的な文書でありますけれど、そのほかに公的な文書としては『学制百年史』というものがあります。実はそれに遡る『学制八十年史』というものもあり、また、後に『学制百二十年史』という本もございまして、公的な記録はこういう本にきちんと書いてありますけど、裏話のことは当然出ておりません。それから、最も公的な資料といえば、教育基本法を審議したときの国会の議事録がありまして、高橋文部大臣の提案理由とか、質疑というものが全部記録されています。

それから、田中耕太郎という高橋文部大臣の前の文部大臣がいらっしゃいます。文部大臣を辞めたあと参議院議員になり、すぐ文教委員長を務められて、教育基本法の審議にも参画されました。後に初代の最高裁判所長官になられる方ですが、この方が『教育基本法の理論』という大変厚い本を出しておられます。これが教育基本法の考え方をきちんと整理したもので、大変参考になる書籍です。

私は昭和三十九年に文部省に入りましたので、昭和二十二年のことはもちろん存じていません。しかし、昭和三十九年というのは戦争が終わってまだ十九年、学校教育基本法が出てから十七年ですから、まだあちらこちらに当時の匂いが残っておりまして、どの課にいっても本棚の中には必ず『終戦教育事務処理提要』という、終戦にともなう教育事務の処理の通牒その他を集めた、十三、四冊の資料集がありました。

## 教育基本法の制定

高橋文部大臣の就任をめぐってのいきさつというものが、いくつかあるわけです。前任の田中耕太郎文部大臣は突然更迭をされたと申しますか、辞任をされて、そのあと高橋大臣が出現することになるわけです。一応「六・三制」の実施をめぐって、閣内不統一になったということが理由であったと言われています。つまり田中耕太郎さんはその前から、「六・三制」というものの準備をしており、新しい学校制度である六・三制をただちに実行したいというお気持ちであった。吉田茂総理は六・三制について否定的ではなかったのですが、国民が食うや食わずという時代に、義務教育が六年から九年に延び、その分国の財政措置がたくさん必要になるわけですから、そんな余裕はないということで、その実施には賛成なさらなかった。

当時のことですから占領軍の組織との関係がありまして、文部省の関係はもっぱら情報教育局というところとつながっていろいろな議論をしておりました。これは占領軍当局のなかでも争いがあって、情報教育局のほうは早く六・三制をやりたい。しかし、司令部全体としては吉田総理と同じような考え方です。そして占領軍当局に対して文部省が「六・三制はまだできません」との返事はしかねているという立場に立ち至ってしまい、田中大臣はやむなくここでお退きになった、と表面的には言われています。

ところが、その「六・三制」をめぐって大事件がすぐに起きてしまうのです。情報教育局の局長にニューゼント中佐という方がおりました。当時のことですから大臣に就任をいたしますと、最初にそこに挨拶にいくのが慣例で、高橋大臣は就任の翌日、通訳とともにお訪ねになりました。部屋に入るや否や中佐はつかつかと席を立ってドアのところまできて、いきなり口早に小声で一言だけ何か言った。すると大臣は「イエス、イエス、サンキュー」と言われて、堅く手をお握りになり、会見はそれで終ったという報告が通訳から秘書課長の劔木さんにあったそうです。これは劔木さんの文書に書かれています。

劔木さんはそれを聞いてドキッとなさった。「イエス、イエス、サンキュー」というのはいったい何だったのか。ニューゼント中佐は何と言ったのかと通訳に聞いたら、「ときに六・三制は大丈夫でしょうね」と言ったとのことです。

劔木さんは、通訳からその話を聞いて、これはちょっと大変なことになるかもしれないと思い、局長にも次官にも言わないで、高橋大臣に直接、「こういうことがあったそうだけれども、どういうことだったんでしょうか」と話をした。高橋大臣は何も答えずに数分間黙っておられた後、「出掛けてくる」と言って出掛けられた。どこへいったか自分はわからないけど、たぶん総理のところへ行って、「六・三制」の話をしてきたんだろう、と書かれています。

この話は、有光さんのオーラル・ヒストリーの中でも出てきますけれども、その後の閣議のあと吉田総理が「文部大臣安心してください。六・三制は実施いたします」という約束をしてくれたようなのです。ですからそのときに高橋大臣は、総理と直談判したんだろうと思われるのです。普通、挨拶といえば日本人として考えるのは、「今回よろしくね」と言ったら、「まあよろしく」という程度のことなわけです。そこを、そんな実務的なことを言って、ニューゼントはけしからんというのが劔木さんの意見ですが、高橋先生は、あるいはきちんとその言葉をお聞き取りになられて、しかし、「イエス、イエス、サンキュー」ということは実行するという約束ではなくて、それは問題点だという意味でお答えになったかもしれない。そこは誰もわかりませんが、そういう外交の場で、「イエス」と言うと一種の義務が出てくるということはたしかで、政治的な意味合いを改めて高橋大臣はお考えになって、吉田総理と折衝なさったのだろうと思うのです。

しかし、このことをきっかけにして、大問題であった「六・三制」は実施されることが決定されたのです。そういうことがなければ「六・三制」は財政論から押しつぶされて、そのとき実施されなかったかもしれない。これは大きな役割を果たした一コマであった、というエピソードが残っているわけです。

ちなみに劔木さんはニューゼントが大嫌いで、その理由は、情報教育局はいわば二枚舌を使っていて、占領軍司令部のなかで「六・三制の実施には金がかからない」と説明をしていたからだそうです。しかし実施するとなったらお金はかかるわけです。教員の給与も要りますし、校舎も建てなければいけない。そのお金を日本政府が予算要求すると、当時は予算案についても占領軍に承認をもらう手続きが必要だったわけですが、その占領軍につぶされて、予算が大幅に削られてしまうという結果になった。さすがに教員給与は認められましたけども、校舎の建設費はほとんど削られてしまう。その結果、義務教育というのは設置義務は市町村にあり、そこが学校を建てなければいけないわけですが、予算がないので自殺をする村長さんも現れるといった、大変深刻な状況になってしまったのです。そのような理由から、剱木さんはニューゼント中佐を大嫌いなようです。

そのようないきさつのなかで、「六・三制」はスタートするわけです。次に有光さんの聞き書きによりますと、大変微妙な話なのでお話ししにくいのですが、結局田中前大臣は「六・三制」の主張を押し通して、敗れて辞任をしたと表面的には言われていますが、実はもう一つわけがあるようです。

あるとき陛下から、民主主義社会における皇室のあり方について田中さんに御下問があった。田中さんは「重要な問題だから十分審議をしてお答えします」と陛下に申し上げたらしい。そのことを陛下が「文部大臣はこう言ったが、それでいいのか」と吉田総理におっしゃったというのです。総理は恐縮して官邸へ帰ったところ、ちょうど武見太郎さんがいて、総理の様子がふだんと違うので「何かありましたか」と尋ねると、実はと言って陛下のお言葉を非常に気にして話をされた。そこで武見さんが、「それならば福澤諭吉に『帝室論』というものがある。福澤のような民主主義者の『帝室論』をお読みになったことがありますか」と聞いたら、「いや、ない、早速読みたい」と言うので武見さんがすぐ持っていって差し上げると、二、三時間で通読をした。そして「小泉信三さんに文部大臣を頼んでみてくれ」と武見さんに頼んだ。

小泉さんは文部大臣を受けることはない、と武見さんはわかっていたのだけれども、あまりに総理が熱心なので、一応小泉さんのところへ出向いたがやはり駄目でした。そうすると、次に「高橋誠一郎さんにお願いをしてくれ」と言った。高橋さんと吉田さんはいろいろな関係でお親しかったようです。ところが高橋さんも大臣のような煩わしいことに出ていくのは嫌なので、長いこと腰を上げなかった。しかし、粘りに粘った。高橋さんのお話によると、総理が来られてどうしても帰ってくれないから、やむを得ず自分は承知をしたということだったようです。

そのようなエピソードが残っていまして、戦後の民主主義社会のなかでの皇室のあり方というものが、文相の交代に一つ絡んでいたということが、有光さんによって語られているわけです。これはその当時、「教育勅語」というものをどう取り扱うかということが大きな政治的課題だったわけですが、そのこととも絡んでいたと思われます。有光さんの書いているところによれば、高橋大臣は、基本的には皇室にいろいろなお煩わせをするということは極力避けるべきだというお考えであったそうです。そして教育勅語のほうは国会で無効決議というものをいたしまして、別途、今度教育基本法ができるということで、全体として終息をしていくことになるわけです。

そうして教育基本法と学校教育法が高橋大臣の手によってつくられたわけです。いずれも昭和二十二年の三月三十一日に成立をした法律です。これは旧憲法下での最後の法律審議でありましたので、枢密顧問官の審議を経たあと、最後の帝国議会で審議をし、三月三十一日で両法は成立して、教育基本法は即日施行、学校教育法は翌四月一日から施行されるということになった。現在まで続いている「六・三制」というものが、制度的にもここからスタートをすることになったわけです。

平成十八年に改正される前の教育基本法というのは、大変簡単な法律でした。しかし、これは憲法の理念を受けて、教育についての理念を示した法律として、その他の学校教育関係の法律をリードする法律にしようという田中耕太郎さんの構想による、準憲法的な法律でした。法律的には準憲法というものはないわけですが、その理念は他の法律のつくりに影響を与えるという性格をもった基本法です。そのために他の法律にないような「前文」を備えており、その中身は「教育の目的・教育の方針・機会均等・義務教育・男女共学・学校教育・社会教育・政治教育・宗教教育・教育行政・補則」といった全部で十一条からなるものです。

当初の予定では、そのほかにももっといろいろなことを盛り込みたいということで、審議をした経緯も残されておりますが、法律については占領軍当局の承認が必要だったわけで、法令は全部英文に直して、向こうでいちいち審査を受けて、そのうえで国会へ提出しなければならなかったので、極めて簡素な法律として出来上がったようです。

教育基本法は基本的には「法律主義」ということをまず述べています。戦前の教育法制は「勅令主義」だったわけです。つまり教育法制というものは国会によってつくられるものではなくて、天皇陛下の命令である勅令によってつくられるという形をとっていたものを、戦後の学校法令は法律主義をとるということを明確にしました。

それから、憲法の理念を踏まえた教育の理念の宣言をしているということに特色がございます。ご承知のように、現在の憲法二十六条で「教育を受ける権利」とか、「義務教育は無償である」ということが、改めて闡明《せんめい》されたわけですが、そのことを受けているわけです。もちろんその他の憲法上の条項、「学問の自由」とか、「個人の尊厳」ということも反映しています。そして、各種の教育法の原則との整合性を保つという意味で、各種の教育法全体の考え方を示すというところに特色があったわけです。

## 教育制度の整備

しかし、教育基本法だけ眺めても、「六・三制」の中身は実はよくわからない。学校教育法の具体的な定めがどんなものであったかということを併せて見なければなりません。

戦後の「六・三制」と言われるものの一つの特徴は、「機会均等」ということにあったわけです。そして機会均等の理念から発して、学校制度を単線型の「単純な学校制度」にするという方法をとったわけです。ご承知のように、戦前は初等教育のあとは複線化しておりまして、普通教育を受けるコースと、職業教育を受けるコースに分かれている。分かれていくのはいいのですが、後でまたもとへ戻ってくることが極めて困難であった。したがって、ずいぶん若いときに普通教育と職業教育の選別が行われてしまうところに問題があったので、単線型の学校制度にして、その間の往き来ができるようにしようとなったのです。それによって結果として、教育の機会均等を保証しようということが、大きな理念となっているわけです。

併せて「義務教育が九年」になった。つまり新制の中学校の三年が義務教育として加わったわけです。実は、義務教育は昭和十八年に、小学校を出た後の二年間をプラスして八年に延長することが、法律的にはできていたのですが、戦時のことで執行停止になっていました。だから唐突に九年になったということではないのですが、戦後のまさに食うや食わずの経済状況のなかで義務教育を三年延長したということは、大変大きな実績であったと思います。

併せて「教育課程の標準化」というものが行われます。これは高橋大臣のときに「学習指導要領の試案」というものを示して、「コース・オブ・スタディー」というものを明確にし、全国津々浦々の小学校、中学校、新制の高等学校までを含めて、一定水準の教育の中身を保証しようという、教育内容についての行政がスタートしたわけです。戦前は実はこういう学習指導要領のようなものはありません。代わりに「国定教科書」があって、それがすなわち教育課程を具現化したものであると考えられていました。教科書を教えればそれは一定の教育内容を教えたことになったわけですが、戦後、教科書は検定によって認可をするシステムになりましたので、別途教育の中身については標準を示すことが必要になったわけです。そういった教育内容の大きな転換も、高橋大臣の時代に果たしています。

それから、「地方分権」ということを打ち出し、それまで教育は国の事業である、したがって、小学校や中学校の先生も全部国家公務員であるというシステムだったものを、全部地方が行うものとした。先生方も地方公務員になりましたし、教育委員会制度というものをつくって、地方を中心とした教育行政システムをつくっていくことになりました。しかし、これは高橋大臣のときには間に合いませんで、その後になって制度が整えられていきます。

もう一つ、特筆すべきことは高等教育について大きな改革があったことです。皆様ご承知のように、戦前のシステムと違い、戦後は「六・三・三・四」と、四年のところに旧制高等学校の部分と旧制大学の部分を押し込めたような形で学校制度ができました。戦前はどちらかというと中等教育レベルであった師範学校も含めて、各種の専門学校、旧制高等学校はすべて新制の大学に編入されたのです。そういうなかで大学の質をどうやって確保するかということと、それから、旧制高等学校が担っていたいわゆるリベラルアーツの教育を、きちんとやることが、実は今日まで続く大問題として、このとき以来残ったわけです。つまり、ヨーロッパ型の大学制度から、アメリカ型の教育制度にここで切り替わったわけですので、形としては四年のなかに入ってしまいましたけど、それを実質化するのにずいぶん時間がかかることになったわけです。

高橋大臣が去ってからのことになりますが、高等教育の再編成については、大きな問題がたくさん出ました。いちばんの反対は旧制高等学校が廃止に反対をして、存続を求めるというものでしたが、これは実現しませんでした。また国立大学についてですが、旧制の師範学校や専門学校、高等学校が全部大学になったので、どういう形で再編成をするのかということが大問題になり、「一県一大学」という方針を出したのです。したがって、例えば浦和高校は東大と一緒になりたいと言いましたけれども、埼玉大学へ編入される。姫路高校は京都大学と一緒になりたいと言いましたけれども、神戸大学と一緒になるという形での整理が行われまして、これはまた大変大きな政治問題となったわけです。

しかし、曲がりなりにも再編成は進んでくるわけですが、一つ問題が残ったのが「大学院」です。大学院は戦後、アメリカのような、要するに修士課程、博士課程をもつ教育機関として位置づけられました。戦前の大学院は「各研究科に大学院を置く」と書いてありまして、これはどちらかというと研究の場で、そこで教育をするという意識はあまりなかったようですが、戦後は明らかに教育システムとしての大学院をつくったわけです。

しかし、大学院独自の財政措置をする暇もありませんので、いわば学部の付属品のような形で機能するという実態がやむを得ず続いてしまって、大学院が実質的に機能するというところまでにはすぐに至らなかった。ここに問題点があるわけです。加えて、なかなか新制の大学院制度と、新制の学位の制度については、考え方の普及が進みませんで、多くの大学人が旧制大学の言ってみればフンボルト的研究中心の大学像というものを信奉しており、戦後の学位制度にはなかなか馴染まなかったようです。

戦後の学位制度というのは最初から学位規則で、「博士の学位は研究者として独り立ちしたところだ」と書いてある。しかし、戦前は「碩学泰斗《せきがくたいと》」が博士だった。戦後は要するに研究者になったところが博士だという水準になったので、まったく違うシステムになったのですが、そういう意識が定着するまでに苦労がありました。いまだに定着していない分野もありまして、理系では比較的早い時期からそういう運営がされ、文科系でも経済学部は比較的早くそうなっていましたが、法学部や文学部ではなかなかそういう運営ができませんで、今日いまだに苦労をしております。

## 戦後の文教政策の変遷

さて、戦後の文教政策というのは、いくつかの時期に分かれて発展してまいりました。

第一期は、まさに新学制発足、確立の時期でありまして、昭和二十二年から二十六年までです。この間に先ほど申しました新しい「六・三制」、「機会均等」、「単一、単線化」「地方分権」というものが発足していったわけです。

第二期は、昭和二十七年から三十四年までで、最初の見直しが行われます。昭和二十七年とは、講和条約が発効した年です。講和条約が発効して日本は主権を取り戻し、自分の力で国を治めることができるようになったということで、この時期に、戦後すぐにとられた諸政策が日本の国情に合っているかという、見直しを国政全般にわたって行ったわけです。政令改正諮問委員会というものがあり、すべての分野について見直しが行われました。教育については、主として地方教育行政との関わりというものが大変大きな問題になりました。戦後、地方分権ということを打ち出して、教育委員会制度をつくったのはよかったんですが、選挙によって教育委員を選ぶというシステムが、必ずしもうまくいきませんで、教育委員会は、むしろ任命制にしようという切り替えが行われています。

また、教育公務員についても、地方任せではなくて、もう少し国家がお手伝いをしたほうがいいのではないかということで、義務教育に携わる教育職員の給与の半分は、国がもつとか、施設についても国がある程度負担をする助成制度をつくり、教育水準の確保ということがこの時期に大いに行われました。

第三期は、昭和三十五年から五十八年までと考えています。昭和三十五年、一九六〇年以降は、「ゴールデン60's」と言われたように、経済社会が大いに発展をし、この時期に教育も量的に大変な発展を遂げるわけです。高等学校でいえば昭和三十五年に三五％程度だった進学率が、その後二十年で七〇％ぐらいになります。大学は昭和三十五年の進学率が一〇％ですが、二十年たつと大体三五％になる。そういった量的発展の基礎がこの時期に実現して、この量的な発展がある程度構造的な改革を促すということになったわけです。

第四期としてその延長上にあるのが、昭和五十九年から三年間、内閣に置かれました臨時教育審議会以降です。この臨教審のなかで戦後の教育システムというものを、もう一度見直すという時期が始まったわけです。石川忠雄先生が会長代理をなさいまして、石川先生はとくに高等教育について大変ご熱心でした。私は大学制度の担当課長だったので、臨教審の第四部会という高等教育のところに、必ずご出席し、たいへんフランクに議論をさせていただいたことをよく覚えております。

いずれにしましても、大学制度が初等・中等教育のシステムと連携をとりながら、はじめて全体的に見直されたのがこの時期です。それまでは大学は大学、初等・中等教育は初等・中等教育という関わり方で議論が進められてきましたが、ようやくこの時期から、全体としての教育システムということを考えることができるようになりました。臨教審は三つの理念を述べます。一つは「個性化、多様化」ということで、個性に応じた多様なシステムをつくらなければいけない。いままでのシステムが少し硬直化しているということに対する批判です。二つ目は、「生涯学習」というものをちゃんと確立しなければいけない。三つ目は、時代がどんどん変わっていくので、そういう変転をする社会に適切に対応していかなければいけないということでした。

その三つを改革の視点として出され、実に多くの具体的な改革提案をされまして、以後それを順次実現をしているという意味で、今日までを第四期と申し上げてよいかと思います。ただ、平成十八年に教育基本法が改正になりましたので、これ以降新しい展開があると整理をすることもできるかもしれません。教育基本法は平成十八年に改正され、かなり新しい視点が導入されました。特筆すべきは、「生涯学習の理念」が書かれたことです。昭和二十二年には生涯学習という概念はなかった。六十年たって教育基本法を直す実質的な必要が大きかった例として、このことを挙げることができると私は思います。

それから、改正前の教育基本法では学校教育は一括りでしたけれど、改正後は、「大学についての規定」、「私立学校についての規定」、「家庭教育や幼児期の教育についての規定」を新たに設けています。そして、「教育振興基本計画」というものを立てて、着実に教育を振興するようにしていこうということを盛り込んでいます。

## 世界高等教育会議

高等教育について世界に共通する、いくつかの視点をお話ししておきたいと思います。高橋大臣の頃には高等教育にまで踏み込んだ理念を示すことは十分にはできませんでした。初等・中等教育を中心にいまの土台ができたわけでありますけれども、その土台はどんどん大きくなって、いまや高等教育をどうするかということは、世界的な共通課題になってきています。

一つは、高等教育への「多様なニーズ」にどう対応していったらいいかということです。これはカリフォルニア大学のマーチン・トロウという人が定義しまして、「進学率一五％まではエリートの時代、一五％を超えて五〇％までの時代はマスの時代、五〇％を超えるとユニバーサルの時代」という定義をしており、このことは教育の世界では一応世界的に認められた区分になっています。日本では昭和四十二、三年頃に一五％を超えたわけです。そして、これは世界中でも起きました。したがって、このエリートからマスへ移る過程で、たいへんな発熱状態があって、日本だけではなくて世界中で大学紛争が起きてしまうわけです。

この大学紛争は何だったのかということは、まだきちんと総括されておりませんが、一つの要素は、旧来の大学では、本当に大学教育を求める学生層のニーズというものに、きちんと応えていくことができるのかということが、この一五％を超えたときの一つの大きな課題として浮上したということだと思います。

いま日本は大学進学率五五％と大体ユニバーサルを超えてきました。ずいぶん多いじゃないかと思われるかもしれませんが、世界のなかでは真ん中くらいです。ヨーロッパ、とくにノルウェーは七、八〇％という進学率です。隣の韓国も去年（二〇〇八年）の統計で八四％ですから、日本は決して多くはありません。専門学校をどうカウントするかという問題がありますが、ひょっとするともうしばらくするとアジアのなかでは後ろのほうへいってしまいそうな気配です。多ければいいというわけではありませんが、皆が高等教育へ進むという趨勢のなかでさまざまなニーズをどう汲み上げて、最適化したシステムをつくるかというのは当然問題になってくるわけで、それには大きな工夫がいるのだろうと思います。

こういった一種の大衆化がある一方、教育内容の高度化ということも必要になるわけです。スポーツの世界では裾野が広ければピークは高くなると言いますが、高等教育は裾野が広いからといって必ずしもピークが高くなる保証はありません。そこで、ピークも高くなるシステムをつくっていかざるを得ないという問題点も抱えています。

もう一つ、「高齢化」という問題もあります。日本の高齢化は非常に早いスピードで進んでおり、この点では世界をリードしております。「生涯学習」というのはそのためにとても大切なことなのですが、私はこの高齢の世代の人たちをどうしてもっと活用しないのかと、あちこちで言いまわっています。高齢世代の人たちというのは、これから小学校を建てたり、先生を雇ったりする必要はないわけです。もちろん生涯学習のための教育投資は必要ですが、それは小学校を建てたり、先生を雇うお金に比べるとはるかに少ない。少ない投資で経験もあり、教育の基礎もある人たちを有効に活用することができれば、日本の社会にとってこんないいことはない。つまり日本は高齢化社会のモデルとなって、うまく機能するシステムをつくるべきなのです。

それから、「グローバリゼーション」という観点では、教育サービスについてもグローバルな営みがどんどん進んできています。インターネットを通して直接教育サービスがやってくるということです。これに対してＷＴＯ的にいえば何の障壁も設けてはならないということになるのですが、原則としてそうだとしても、私たちの心配は、じゃあ、質の悪い教育ができてきて、お金だけ取られて、実質がともなわないということになれば、学習者に被害が出てくるではないかということです。「質の保証」、ある種の「情報開示」といったシステムをつくっていかないと、まったく自由自在に「どうぞ」ということにならないのではないかと、世界でいま議論をしている最中です。

しかし、今後ＩＴの発展にともないまして、このことはますます進んでいくことは間違いないわけで、いまでもＭＩＴの授業をリアルタイムで見ることもできるわけですから、それに単位を出すということになったら、日本のなかで子どもが減って、学生をどうやって確保しようかということよりずっと深刻な話です。「飢饉よりも黒船のほうが怖い」と私は申し上げていますが、その対応策としてはもちろん国内で質の高い教育を提供し、むしろ外国の学生も取ってくるのが究極の答えですが、いろいろな備えが必要になってくると思います。

それから、ヨーロッパのなかでは「ボローニア・プロセス」という形で、二〇一〇年に「ヨーロッパ高等教育エリア」というものができ、ヨーロッパ四億五千万人のなかでの高等教育のシステムが、一応つながってしまうわけです。

それに対して、日本の高等教育はどうなるのか。実はユネスコでは「地域の学位相互認定条約」というものがあり、それはアジアでもあるんです。しかし、中国もインドもシンガポールも入っておりますが、日本は加わっていません。いずれにしてもアジアのなかでの連帯ということも一つは頭に置きながら、世界的な高等教育の活動のなかでどう調和し、協力をし、また競争をしていくかが、大きな課題になると思います。

最後に「リベラルアーツ」の話をしておきますと、高等教育機関は何をしているかというと、もちろん専門教育で学生に力をつけているわけです。しかし、リベラルアーツという部分も大切な要素です。諸学の基礎になる学問を幅広く教えるということが、いわゆるリベラルアーツですが、その対極にあるのは、高等学校の補習をする「リメディアル」というものです。これは大学の責任もあり、入試の際に高等学校で履修すべき科目をきちんと指定すればいいのに、医学部でさえ生物学を必修としてない入試をしているところもあるということですから、何らかの手当てをしなければならないということは当然出てきます。しかし、それは本来のリベラルアーツではありません。

一つ厄介なのが、最近ヨーロッパで大変大きな議論になっているのは「コンピテンシー（一般的汎用的能力）」ということです。これは、例えば、問題を見つけて解決をする、「プロブレム・ソールビング」という能力。二つ目は、「クリティカル・シンキング」、批判的な思考をする能力。三つ目は、それを的確に伝達する能力。そういうものが一般的汎用的なコンピテンシーだと言われていて、これらを高等教育のなかで培っていかなければならないということが議論になっていて、この部分は日本の高等教育のなかでは必ずしも十分に研究されている課題ではないので、今後大きな問題点として浮上してくるのではないかと思います。最近は以上のような問題点があるのですが、いずれにしましても高橋文部大臣が現在の「六・三制」の基礎を培われたわけで、そのうえに立って、新しい展開が次々行われてきているわけです。これからの状況は六十年前に予測されたものを超えて発展をしてきておりますので、これからのあり方については皆様とともに一生懸命考えながら、より良いシステムができ、より良い教育活動が展開されるように心から願い、多方面で協力をお願いしたいと思っています。

ご清聴大変ありがとうございました。

(『三田評論』、二〇一〇年二月号、慶應義塾)

# 高橋誠一郎からみた福澤諭吉

猪木武徳
（国際日本文化研究センター所長）

ただいまご紹介いただきました猪木です。私は残念ながら慶應で教育を受けた人間ではないのですが、研究生活を始めてから、慶應の先生方と、学問上のやりとり、または個人的なご厚誼を得ることができました。言ってみれば慶應の、あるいは福澤の外野席の応援団みたいなものかと思っています。外野席からの応援団というのは応援される側にとっては、ちょっと迷惑なことがあるかもしれませんが（笑）。

私は福澤に関する専門的な論文は書いておりませんが、福澤が大好きで、彼の著作は少なからず読んできたかと思います。今日はご紹介のように「高橋誠一郎からみた福澤諭吉」というテーマでお話しさせていただきます。

# はじめに

高橋誠一郎先生は一九八二年に亡くなりました。私が京都大学を卒業して大学院に進みましたのが六八年ですから、先生がご存命のときに時代をともにしたという意味では重なっているのですが、残念ながら拝眉の栄に浴する機会はありませんでした。ただ、実は少しご縁があることはあるのです。ご存知のように東洋経済新報社は一九五〇年に『経済学大辞典』という三巻の文字通り大きな経済学の辞典を出版いたしました。そして四半世紀以上たって、一九八〇年に、執筆陣を変えて新しい版が出たんですね。高橋誠一郎（以下、歴史上の人物として敬称は省略する場合があります）は、その一九五〇年版の『経済学大辞典』のなかで、第三巻の「学説史」で古代と中世の社会思想、経済思想を担当しています。

ご縁と申しますのは、実は八〇年の新版では、古代は当時大阪市大におられた武田弘道先生がお書きになっていますが、中世は私が担当したのです。三十半ばでの若書きで、いま読むと一生懸命勉強しているなという雰囲気はあるのですが、全体として見ると偏った記述であることは否めません。高橋先生の旧版は多くの人物の経済的な著作を大変バランスよく取り扱って、その流れを叙述しておられます。それに比べますと私の「中世の社会思想」は、当時熱心に読んでいたトマス・アクィナスの経済思想の紹介に全体の三分の一ぐらいの紙幅を使ってしまって、辞典としてはちょっとバランスを欠いた論述になっています。

高橋誠一郎の「浮世絵コレクション」も、菱川師宣から明治の浮世絵まで、非常にバランスよく収集されている、という話を、先日、私の同僚の早川門多さんから伺いました。この『経済学大辞典』の高橋先生の叙述スタイルと少し重なるところがあると感じた次第です。

## 高橋の語る福澤のエピソード

今日は、高橋誠一郎は福澤諭吉を、どういう人物で、どんな思想をもっていると見ていたのかということをお話ししたいと思います。

まず、高橋誠一郎は二年余りですが直接に福澤に接しているわけです。明治三十一年九月二十四日、福澤諭吉が三田演説会で演説をしているのを高橋がはじめて見た二日後に、福澤は最初の脳溢血の発作で倒れます。そして、約一年後、福澤が回復してボツボツ散歩をし始めた頃に、高橋は散歩のお供をするようになるわけです。

高橋はその頃のことを次のように書いています。

「偶然の機会から先生をはじめ福澤家の人々と親しくなり、朝起きるとすぐ先生と一緒に散歩し、学校が終ると福澤家へ出掛け、三階を遊び場にして飛び回り、夜もまた寄宿舎の門限近くまで同家の書庫で読書するといった始末であった。」（「最晩年の福澤先生」『中央公論』、一九五〇）

この『中央公論』の高橋のエッセイは、非常におもしろいエピソードがたくさん載っていて、こんなことも書いています。

「先生がその一冊に、『諭吉、高橋誠一郎君』と毛筆で記したものを送ってくれた。大患後はじめて筆を取って書かれた文字が私の名前だった。」

その一冊というのは、晩年に書かれた「新女大学」と「女大学評論」をまとめた本でしょう。年齢はもちろん親子以上に離れていますけれども、それほど親しい、私的な付き合いがあったということです。

さらにこのエッセイのなかには、福澤という人物のメンタリティー、あるいは、心象風景を、非常に興味深い形で描いた文章があります。それが「納豆売りの少年」のエピソードなのですが、大変おもしろい話だと思うので、少し長いのですが紹介します。

「たしか先生の亡くなられる前々年の暮れであったと思う。報知新聞紙上に『親孝行な納豆売りの少年』の記事が載っていた。朝の散歩の道すがら、この少年と行き違った福澤先生は、その善行を称え、財布の底をはたいて納豆全部を買い取った。先生は私を顧みて『お前さん、納豆が食べられるか』と問われた。『好きです』と答えると、先生は『偉いなあ子供の癖に、こんな変な物を食うなんて、私はこの年になってもまだ納豆食う勇気がない』とこう言って、宿舎の納豆を食う英雄少年たちに分けてやれと、その納豆全部を私に渡された。寄宿舎の食堂で納豆の分配を行いながらこの感心な少年のためにカネを集めて何か買って送ろうではないかと言うと、みんな大賛成である。早速いくらかのカネが集まったので、二子縞の綿入れ一重ねを仕立てさせ、それを持って納豆売り少年の通っている代用学校の校長先生を訪ねた。

校長先生は無論大喜びで受け取ってくれるものと思っていた。ところが案に相違して校長は、いかにも迷惑そうな顔をして『困ったことをしてくれた』と言う。不審に堪えかねて『なぜですか』と聞くと、『私の学校は貧乏人学校だ、自分で働いて親を助けている子供はいくらもいる、あの子などよりもはるかに褒めてやらなければならないのが幾人もいる』という答えであった。『この着物はぜひ持って帰ってください』『それは困ります、大勢で拠出してこしらえたのです』。こんな問答が繰り返されたあと校長は、『それでは正月元旦の式のときに、いいことをすればAさんですらこんないい物をもらうことになる、Aさんよりももっといいことをしている人たちは、いつかもっといい報いを受けることになりましょう、とでも言って渡しましょう』と言って、やっと受け取ってくれた。

変な気持ちになって、代用学校の校舎に当てられている寺の門を出ると、あの納豆売りの少年が銭めんこの賭け事をやっていた。なるほど、よい子ではないなあと思った。そして翌朝先生にその話をすると、先生はしばらく私の顔を見詰めていたが、やがて『私の真似などは決してしないでくれ、あれは私の道楽だ』と真顔で言われた。」

このエピソードは、これからお話しする福澤の社会政策的なものに対する関心と関わってくるかと思うのです。福澤というと、非常に怜悧《れいり》で合理的で筋の通った議論をする人物と考えられていますけれど、私はここは強調したいのですが、彼の感情は豊かで、複雑で、非常に多面的な感情を持つ人物であったと思うのです。このエピソードはそれを示す一つの例だと思います。

福澤が経済学の論理に触れるときも、決して理論的にこうだからこうしなければならないという、単純な論法を使ってないところが印象的です。彼は、例えば「経済学ではこういうふうに説明するが、それはこういう条件が揃っていたときに使える論理だ」と、理論と現実をはっきり区別していた。と同時に、人間の複雑な本性に対する共感を深くもっていた人物だと思います。

この「納豆売りの少年」のエピソードでは、福澤の好意がある意味で裏切られるわけです。だから最後に「おれの真似はするな、あれは道楽だ」と、少年であった高橋に語りかけるわけですね。私はこの福澤の最初の意図と、そしてその自分の善意が軽く裏切られたという結果と、それに関して高橋少年に最後に言った「おれの真似はするな、あれはおれの道楽なんだ」という、自分の犯した小さなミスを、子どもの前で照れながら言ったところに、福澤の素朴な善意、その奥深さ、人間的な幅の広さを感じます。

## スミスの「シンパシー」と福澤

ここでアダム・スミスの『道徳感情論』に触れたいと思います。アダム・スミスは『道徳感情論』の中で「シンパシー」という概念を使っています。普通これは「同情」とか「共感」と訳される言葉ですけれども、一般に悲しんでいる人がいれば自分も悲しく思うのが当然だという、いわゆる同情のことだろう、と考えるとスミスの「シンパシー」を誤解します。単に、弦を爪弾くと隣の弦が共鳴するというようなものではないのがスミスの「シンパシー」なのです。

スミスの「シンパシー」というのはどういうものかというと、自分以外の第三者の立場に身を置いたときに、自分の境遇をどのようにみるかということを、常に考えて自己制御する、という意味での共感なんです。具体例を挙げますと、自分に大変悲しいことがあった。そのときに泣き叫ぶのでもなく、深い悲しみに沈んだままになるのでもなくて、第三者からみたらそういう目にあった人が想像しうる程度にまで自分をコントロールできるか、納得できるレベルまで感情を抑えるという「共感」なんです。ですからスミスは『道徳感情論』の中で、もし君は逆境に陥ったのであれば、近い友人とか親族に慰めの言葉を求めるのではなくて、あなたの逆境について何も知らない人々の群れのなかに自分の身を置きなさいと言うのです。

これは非常に大人の考え方です。もし自分がとてつもない僥倖に恵まれて、嬉しくてたまらないときには、嬉しくても喜び踊るなというわけです。そういう状況について第三者がみたときに、ああ、ここまで自分をコントロールしているのかと思わせるような共通の感覚まで喜びを噛み締めよと。それが社会のなかでともに生きる人間が示す一種のセルフコントロールなのだということです。

ですからスミスの「シンパシー」ということばを、同情と言い換えると、少し安っぽい響きになる。決して「ああ気の毒な」といった意味合いの同情ではなくて、人間的な感情をともに共有できるところまで、自分の感情を抑えるということが大事だということなのです。そして福澤はスミスの言うところの「シンパシー」というものを、社会問題に対して非常にバランスのとれたところまで持っていかなければならない、ということに気づいていたことを示すために、この「納豆売りの少年」の話をご紹介したわけです。

## 高橋がみる福澤の社会思想の社会政策的な観点

この点が典型的に表れるのが、「社会の貧困」という問題に関する福澤の考え方です。私なりにちょっと構図をつけて紹介するところもありますが、高橋誠一郎は福澤の社会思想の社会政策的な観点に非常に注目しており、『福澤諭吉　人と学説』という本にそれを簡潔にまとめています。

福澤は社会政策的な観点、つまり、単純な経済政策とか、市場メカニズムだけで解決できない問題に対して、どのように考えていけばいいのかということを、常に強く意識しながら社会問題を考えていたと思うのです。その例が明治十七年十月と二十四年四月、五月の『時事新報』の社説の「貧富論」です。ご存じのようにもともと福澤は『学問のすゝめ』では、人が貧しいのは学問が足りないから貧しいんだ、学問をして教育を身につけると精神的にも物質的にも豊かな生活が送れると説いていたわけです。ですからもともとの福澤の姿勢は、「無知」といいますか、教育がないのが貧困の原因だという因果関係を強調する立場です。

ところがそれから十年ぐらいたった明治十七年あたりになると、いままで幕藩体制の下にあった規制がいろいろ取り払われて、あらゆる経済活動が非常に活発になってくる。外国の商人も出入りし、経済も成長を遂げ始める。そうすると、どうも福澤は「無知が貧困の原因だ」という説を、支持しなくなるのです。どのように言っているかというと、「貧困がすなわち無知の原因だ」と、因果関係を逆にした議論を展開するわけです。もちろん福澤は私有財産を否定するというような、当時日本に入ってきているいわゆる社会主義的な思想というものに対して否定的な見解をもっていますから、貧困が悪いといって自由を制限するような立場は取りません。しかし、「人力をもってすぐにはこれはなかなか改められない問題だ」と言っています。人力をもってすぐに改められないということは、経済が成長して所得が全体に上がっていけば、貧富の差というのも次第に狭まるかもしれないという期待だと思うのですが、とにかく最初の「無知が貧困の原因」ということを、「貧困すなわち無知の原因」と逆転させるのです。

そして、明治二十四年、これは日清戦争の前の段階ですが、「今日の社会組織においては貧者はますます貧に沈み、富者はますます富を増し、ほとんど際限なきほどである」と言います。貧富の差がどんどん広がるような、そういう「財産の偏倚は国の幸に非ず」と言う訳です。貧富の差の拡大を無視することは国にとって決して幸いなことではないということを主張する。その一方で、やはり立国のためには富んだ人間がいるということも大事だという点を見逃さないところが、福澤の洞察の深いところだと思います。

富豪がたくさんの私金を集めて投資をする、または一種の官営事業を行うということに関して福澤はもちろん肯定的なんですが、その懸隔、富んだ者と貧しい者が離れてしまうということは、国にとってよくないと言うのです。ですから明治二十四年の『時事新報』では、貧富の差が拡大するということに、「其実は政治専制の時代の治者、つまり治める者と、被治者、治められる者との関係に似たようなものが発生してしまっている」と。主人の言うことは何でも聞いてしまうような治者と被治者の関係みたいなものが、富んだ者と貧しい者の間に出てくるということには、用心しなければならない、と強く主張するわけです。

福澤が意外にも、と言うと言い過ぎかもしれませんが、常に社会のプラスの面、前に進んでいる部分にだけ目をやるのではなくて、そこから取り残され、貧困の罠に陥ってなかなか這い上がれない社会グループに対しての配慮がないのは国にとってよくないと言うのです。この点は非常に重要だと、高橋は福澤の政策論の解説においてしばしば指摘しています。

もちろん、福澤が「貧富論」で最終的に提唱したのは、社会政策的な「救貧論」だけではなく、宗教の役割、実学の奨励、富者による慈善事業、海外移住の奨励といった多面的な施策です。したがって福澤の社会政策論のみを強調するのはバランスを失することになるかもしれません（この点は、武藤秀太郎氏のコメントによる）。しかし、福澤が教育と所得の関係について双方向の因果関係を理解していたという高橋の指摘は、大変重要だと思います。

## 長沼村への福澤の思い

もう一つ、高橋誠一郎が福澤に関して触れていることで「長沼村事件」を取り上げたいと思います。

この事件はいまの千葉県成田市にあたる印旛郡長沼村で起こった事件です。現在では干拓事業によって跡形もなく消えていますが、長沼村には瓢箪型をした沼があって、村民はそこで魚を取って生活を支えていました。そこへ、隣接するいくつかの村が、その長沼の漁撈権を長沼村が独占していることに不満をもち官有化運動をやって当時の政府を動かし、実際に官有化に成功してしまうのです。

その結果、長沼村の村民は、独占的利権を失ってしまって生活が困難になる。村民がいろいろ請願するけれども聞き入れられない。そのときに小川武平という人物が、これは高橋の説明では、あるとき、『学問のすゝめ』第七編を読んで、「マルチルドム」という西洋キリスト教社会での一種の救済、つまり殉教の思想で一人の人間が命を捨てることによって多くの人間が救済されるという思想が書かれていることに感激する。この本を書いた人物であればわれわれの窮状を理解し、協力してくれるに違いないと思い、福澤に面会を求めるわけです（小川武平が福澤に面会できた経緯については、鎌田栄吉「福澤先生と長沼村の関係」（西川俊作・松崎欣一編『福澤諭吉論の百年』、慶應義塾大学出版会、一九九九年）に説明がある）。そして福澤は、小川武平が訪ねてきたときに、きちんと家に招き入れてその事情を聞き、「それはけしからん話だ」と、請願書の案文を作ったり、高官だった西郷従道宛に「何とかしてほしい」と書簡を送るのです。

この件は、結局その四年後の明治九年七月に一応の解決をみる。五年ごとに借地権を契約で改めるけれども、一応長沼村民の独占的な使用権を認めるという解決です。そして、明治三十四年、つまり福澤が亡くなる年に正式に無償払い下げで長沼村に返還されるのです。なぜ福澤が千葉県の小さな村で起こった事件に関して、これほど熱心に請願書を書き、大変なエネルギーを注いでその村の問題の解決に協力したのか。彼ほど多忙な人間がこういうことをしたのは、意外な感じもするのですが、これは福澤が「マルチルドム」の思想、誰かが一人犠牲になって、全体が救われる「公的な犠牲」というものをある種の激しさを持って評価していたからではないかと思います。福澤は『学問のすゝめ』の中でも、佐倉惣五郎（宗五郎）を非常に高く評価していますね。

逆に『文明論之概略』では、木下藤吉郎を貶《けな》しています。「太閤、太閤」と言ってみんな褒めそやすけれども、何のことはない彼は自分と同じ身分、同じ階級であった同胞を捨て去って、自分だけ立身出世して栄達を遂げた人物にすぎない。こんなの何も偉くないと言うのです。つまり、私的な活動が活発に行われることに対しても福澤は応援しますが、もう一つの重要な意識として、私的目的だけが称賛されるということは、やはりおかしいのではないかという福澤の「公」と「私」の二重構造、その重なり合った複雑さ、おもしろさがここにはあるのです。

佐倉惣五郎は税金を減らしてほしいということを直訴したために、妻、子どもとともに殺されてしまうわけです。しかし、それによって彼の同胞が救われたということで、福澤はその殉教的な行為を称賛する。福澤の場合、長沼村事件のときに、口だけではなく、実際の行動となって小川武平の訴えに対して多忙ななかで時間を割き、正面から向き合って、その解決に努力したわけです。

高橋誠一郎が普通部の生徒だったときに、慶應義塾生徒隊が、この長沼村を行進したことがあるそうです。高橋自身もその行進に参加しているんですね。そのとき、村の人々が慶應義塾生徒隊の前にそろってひざまずき、老農夫たちが涙を湛えて喜んだということを、高橋誠一郎は書いています。

## 福澤の経済学説の理解と政策論

このような福澤の公的なものへの奉仕の思想というのは、官に任せると能率が悪いので民でやれという話ではなく、先ほどのスミスの「シンパシー」の話ではないですが、人間の社会的な繋がりというものに対しての自然な考え方が現れていると私は思います。

社会思想のなかで、とくに経済学では「人間というのは、個人は合理的な独立した存在で、合理的に計算と選択を行う」という前提で理論を組み立てるわけです。そしてその理論から、ある結論を得て、政策的な問題を提言するといった行動が出るのですが、福澤の場合はちょっと理論へのスタンスが違うわけです。

福澤の認識のなかでは個人として独立した人間が出てきたというのは、福澤の時代から高々百年、二百年ぐらい前の話だ、だからこそ福澤は明治の日本にとって「独立自尊」というのは大事だと言うのです。それ以前の認識としては、歴史的には「個人」というものの前に「社会」がある、ということだと思います。「社会」というのが「個人」の前にあった。蟻とか蜜蜂みたいな形で人間が社会として群れをなして、一種の部族社会みたいなものを形成して生活していた。それが歴史的な過程の中で、何かの拍子に、人間は言語を生み出し、法や制度を整え、独立した個人という意識をもつに至ったということなのではないか。

つまり、「もともと独立した存在の個人が、契約をして社会をつくった」というルソーの社会契約説的な考え方は、いかにも人工的な変な考え方だということで、福澤はその考え方をとっていないわけです。社会契約説的な考え方から、ほんの五十年、百年でフランス革命が起こり、独立した個人が権利を主張するという動きが出てきます。もっと歴史を長く見ると、人間の社会というのは、もともとは蟻か蜜蜂みたいな形で群れをなして生活をしていて、そのなかから様々な試行錯誤を経て、ルールをつくり、ときには外からの圧力や影響を受けて、組織なり制度を整えていった。そうやって人間は「個人化」してきたのであって、そのプロセスが大事だと福澤はみていたのではないかと私は思うのです。

つまり、社会契約説と逆の考え方を福澤がとっていたからこそ、人間が個人を発見し、個人を意識した社会のなかでものごとを解決していくためには、いったいどういう政治体制を整えるのがいいのかを考えていったのではないか。その流れのなかでいちばん重要なのは「独立自尊」ということ、つまり「一身独立して一国独立す」ということだと説いたのではないか。したがって、全て人間が本来的に合理的である、という前提に立つ社会理論はその政策的な応用に注意を要するということなのです。

この点について、高橋誠一郎は次のように書いています。

「先生は決して国民性を認めず、また、国民的利益を考察することのない世界主義者ではなかった。また先生は政治経済的論述が時間と空間とを超絶するものとなす永久主義の誤謬に陥るものではなかった。先生は人類と個人との間に国家のあることを念頭においた。先生は、国民全体の発達に適応するものは、ひとり、各人をして自由にその利益を追求するを得さしめるにあるとなす個人主義者ではなかった。先生は、『各国の交際は天地の公道に基づいたものである。自由に貿易し、自由に往来し、ただ自然にまかすべきのみである』と主張する当時の自由貿易論者の所説を挙げてこれを反駁した。」(「福澤諭吉先生の名著を語る―特に『文明論之概略』について」『望星』、一九七二)

この福澤が自由貿易論を反駁したという箇所ですが、福澤は常に反駁していたわけではないのです。

福澤は経済学というものと、実際の経済政策というものを、もちろんまったく別ものとは考えてはいないのですが、その関係は非常に緩いと考えていた。簡単に言いますと、どういう状況であれ、理論をそのまますぐに現実に適用するということの危なさを、福澤は強く意識し、警戒していたのだと思います。この点を高橋誠一郎も主張していますし、私もこれが非常に重要な点だと思い、学生にもよく話をしてきました。つまり、理論と政策は場合によっては別ものと考えたほうがよいということです。

さきほどの「貿易論」の例にもどります。ご存じのように、貿易を自由にすべきか、あるいは、関税で国内の産業を保護すべきかということは、イギリスでも日本でも、それから、現代の開発途上国でもつねに意見が分かれるところです。ご存じのように「ウルグアイ・ラウンド」をはじめ、関税の一括引き下げ交渉のときには、いつも「自由貿易というのはいい」という考え方と、「いや、それは強者の論理だ」という考え方が対立するわけです。福澤はこの問題について一回、二回、三回と考え方を変えていることを、高橋は鋭く指摘しています。

福澤が『西洋事情』の初編、外編を書いた頃は、つまり維新の直前です。福澤は鎖国政策の愚を唱えて、攘夷論者に対して開国を主張し、進取の気質をもたないとだめだ、門戸を開放しろとの態度で臨みます。彼は当時進んでいた欧米の先進国の経済学の考え方ももちろん知っていましたが、同時に、日本が外国と実際貿易を通して接触しないと、海外の技術にも外国の高い文明にも接する機会がなくなる。だから鎖国とか攘夷というのは非常に愚かな考えだと、一種の開放主義を非常に強く主張するわけです。

ところが、明治七、八年ころから、福澤はいろいろな状況を見ていて、ある種の保護主義に転換します。『明六雑誌』等に、開港以来わが国は貿易上常に不利な状況に立ち、この時点では「不平等条約」があるので、外国人は常に利得がある情況に日本はどう対応していくのか、ということを書いていた。高橋誠一郎はこのように書いています。

「経済論が各国の『事態事情』によって異なるものであることを説き、西洋諸国の経済論を直ちに我が国に施さんとするの愚挙を戒めておられました。先生はなお、明治十一年の著『通俗国権論』中に於いて、貿易戦上に於いて優勝するが為に第一に緊要なことは、全国人民の脳中に国家という概念を抱かしむるに在ると説いています。」(「福澤諭吉先生の名著を語る—特に『文明論之概略』について」)

「洵《まこと》に福澤先生の経済論は、国民的富強を以ってその論拠となしてをった、独逸の国民主義的経済学者フリードリッヒ・リストのそれと酷似するものであります。リストの意見に従ひますれば、あらゆる国民は初め自由貿易を採用し、一層富裕にして文化の程度の高い国民との触接によつてその産業を刺激し、改良して行かなければなりませんが、かくて自国民が自ら工業を行ひ得るに至りました時には、さらに大なる資本を有する先進国の競争を防ぐが為めに、政府は保護政策を取らなければなりません。而して国民的富裕の頂点に到達いたしました時は、国際的競争によって商業を刺戟するが為めに、漸次自由貿易に帰る可きであります。」(「福澤諭吉先生の経済思想に就て」『ラヂオ講演・講座』、一九四一)

自由貿易、保護貿易、自由貿易というように、国の力なり、国内の技術的、あるいは、経済的資源の状態によって、主張する論拠というものが当然変わってくるということです。アメリカの建国以来の貿易政策などを見てもそうですね。アメリカはあるときは徹底した保護主義になり、そして、他国の関税が高いときには自由貿易を主張する。あるいは、日本がGATTに加わるときには、オーストラリアはじめ戦時中日本のダンピングでいじめられた国は、日本の加入に抵抗をしますが、そのときにアメリカは「日本はやはりその多角的な自由貿易のなかに入れろ」と言う。アメリカは日本をGATTに入れることによって日本を成長させて、アメリカ商品の買い手として日本の経済的な力を利用しようという面があったわけです。相手を利することによって自分も利益を得るという、非常に高度な政治的、経済的な判断だと思います。アメリカの貿易政策、通商政策の論理というのは、常に中期的利益と現在直面している課題を、論理的に接合し、説得できる形で政策的な土台を整えたという点で、大いに学ぶべきだと思います。

## 説得の技術としての経済学

高橋誠一郎は次のようにも書いています。

「第一に緊要なことは、全国人民の脳中に国家という概念を抱かせるにあると説いている。

しかし、先生は、政府がわが商工業者を誘導して行かなければならないことを痛感しておられたが、さればといって政府が自ら長く官営を続けていくことには反対だった。先生から見れば、商工業を実地に行うことは、旧藩士族である現在の官吏の最短所であって、しかも、資本力の巨大なことは、日本国中、政府の右に出るものはない。事に当たって拙な者が、巨額の資本を用いようとすれば、勢い浪費乱用の弊に陥ることなきを得ない。政府は、まさに『物の図を書き、その雛形を造るべし、その実物を製すべからず。』」（「福澤諭吉先生の名著を語る—特に『文明論之概略』について」）

官営事業はある時点では必要だけれども、状況が変わってくればそれはもう民に払い下げたほうがいいと説く。経済学というのは実に政策の説得をするときの、一種の説得の技術なのです。経済学の論理というのは、ときに絶対的な真理が含まれているように使われることがあります。そういう使い方はギリシア神話の中に出てくる「プロクルステースの寝台」のようなものです。人を捕らえてベッドに張りつけて、その人間がベッドよりも短ければ、足を引っ張ってベッドと同じ大きさにし、ベッドよりも大きい人間だと、その足をちょん切ってしまうという怪物の話です。得てして経済理論というのはそのように理論的にはこうだから、理論どおりになっていないのは、現実がおかしい、現実をちょん切ってしまえということが起こる。しかしながら、そんなに合理的な個人から社会というのはできているわけではない。まさに人間も動物として、昆虫の蟻や蜜蜂と似たような生活をしていた時代があったのです。

一九三〇年代、四〇年代に重要な仕事をして、一九七〇年代のはじめまでシカゴ大学の教授であったフランク・ナイトという私が最も尊敬するアメリカの経済学者は次のように指摘しています。フランス革命が起こる以前、あるいは、「自由社会」というものが生まれる以前は、社会の秩序というのは、宗教的な力とか、絶対的な政治権力、恐怖による支配という形で人間を押さえつけることによって保たれていた。ところが「自由社会」になって、そうした宗教的な権力、あるいは政治的な意味での恐怖とか暴力というのが弱まってきて、どういうことが起こったかというと、人間の社会性と同時に、反社会性、エゴイズムとか、頑固さとか、およそ社会生活に相応しくないような人間の性向も同時に解き放たれたのだ、と。私はこれは福澤の考え方とも少し似ているかなと思っています。

自由社会というものを、絶対的な価値として崇めるということは、用心したほうがいいのです。フランク・ナイトは自由というのも数ある価値のなかの一つにすぎない、と言います。自由社会というのは、人間のもっているプラスとマイナスの両面を、両方とも解き放ってしまったような状態なのだ。社会の秩序はただ「自由放任」だけでは維持できないというわけです。

そのように考えますと、高橋誠一郎が注目した、社会思想のなかでの「公共性」という問題への福澤のウエートの置き方、そして当時の経済学を経済政策の中でどのように位置づけていたのかを理解することは大変重要になるわけです。経済学をサンマを拝むように崇めるだけでは駄目なんだ、使い方だ、説得の技術だということを、身をもって福澤は示したのではないかと思うのです。

これは恐らく田口卯吉と福澤を比較すると、分かりやすいかもしれません。田口卯吉はマンチェスターの自由放任主義的なものを日本に取り入れて、それを非常に喧伝した人物で、そのあたりが福澤と少し違うと私は考えています。

## むすび

冒頭に申し上げたように、高橋誠一郎のように「バランスがとれている」ということは、やはり社会科学者として非常に重要だと思うのです。何かを絶対的なものとして崇めるというのは、これは非常に社会科学者としての資格が疑わしいものになるのではないか、と私は感じています。少し対象から離れて、バランスをもってものごとを見ていくという意識、観察眼、歴史眼から得られる平衡感覚のようなものを、高橋誠一郎の福澤観から私は読み取ったということをご報告して、私の話とさせていただきます。ご清聴どうもありがとうございました。

(『三田評論』、二〇一〇年二月号、慶應義塾)

# 社会思想史家としての高橋誠一郎

坂本　達哉
（慶應義塾大学経済学部教授）

ご紹介いただきました坂本です。今日はかくも多数の皆様方にお出かけいただきまして、本当にありがとうございます。

まずはじめに、丸山徹先生に二つのことでお礼を申し上げたいと思います。一つは、高橋先生を「社会思想史家」として位置づけられ、この連続講演会に組み込まれたということです。もう一つは、言うまでもありませんが、その重要な役回りを私に与えていただいたということで、心からお礼を申し上げたいと思っております。

今日は、私の話に沿って関連する高橋先生の言葉を著作等から紹介しながら、話を進めていきたいと思います。高橋先生は原典主義、文献実証主義の大家でございましたので、私も少しでもその精神に学んで、高橋先生ご自身の言葉をそのつど確認しながら、私の話を裏付けていきたいと思っております。

## 接近遭遇――はじめに

まず、言うまでもないことですが、私には高橋先生との実質的な師弟関係はありません。私は経済学部で社会思想史をずっと担当しております。その意味では小泉信三、高橋誠一郎、両大家の流れを受け継いでいると客観的には言えるとは思いますが、私個人としましては、高橋先生との実質的な関係というのは、なきに等しいと言ってよいかと思います。

私は昭和三十年の生まれで、高橋先生とは七十一年の歳の差があります。先生は一八八四（明治十七）年、マルクスが死んだ翌年にお生まれになっているわけです。マルクスが死んだ一八八三年というのは、経済学史上の人物で言えば、ケインズとシュンペーターが生まれた年です。「ケインズとシュンペーターはマルクスの生まれ変わりだ」というジョークがそこから出るわけですが、高橋先生はその翌年のお生まれで、これは私の世代からいたしますと、本当に歴史的存在だという感じがいたします。

ところが別の見方をしますと、私が生まれたその年には高橋先生は七十一歳で、まだまだお元気でいらした。こう考えると、先生がぐっと身近な存在にも思えてきます。そのあたりから、高橋先生との世代的・学問的な距離感を測っていきたいと思うのです。

高橋先生は三田で最晩年まで、「経済学前史」を中心とする講義を学部と大学院で続けておられました。その最後の年は一九七七年なのですが、それは私が経済学部の三年生のときにあたります。私はそれだけは覚えているのですが、学部の最終講義の日だったか、その何回か前だったかははっきりしませんが、先生の姿をこの目で見たいという一心で、授業中の教室の後ろのドアをすこし開けて覗いてみたことがありました。

先生の姿を肉眼で拝見したのはその一回だけです。高橋先生といえば、並はずれた長身の美男子という表面的な知識だけを当時持っており、そういう先生がご高齢にもかかわらず、三田で講義をされているということで、一目拝みたいと、そのようなことをしたわけです。ただ、正式に履修もできたはずなのになぜしなかったのかということが、いまとなっては後悔しているところです。

先生とのもう一つの接近遭遇は、ある意味で不謹慎な話なんですが、一九八二年の二月にお亡くなりになって、葬儀が青山葬儀場で行われたときに、私は一般参列者としてうかがったということがあります。講義を聴き損なったという後悔もあり、高橋先生という偉大な先輩のご葬儀ということで、私は当時大学院生だったのですが、ご葬儀にうかがいました。そのときの強烈な印象が一つあります。斎場に入り、大きな天皇皇后両陛下の花輪が目に飛び込んだこともさることとながら、参会者のなかに人間国宝の六代目中村歌右衛門さんがおられて、羽織袴の姿で本当にもう風のように現れて、風のように立ち去られた。その姿の美しかったこと。私は歌舞伎にも舞踊にも何の見識もない人間ですが、そのときの歌右衛門さんの身のこなしの美しさが大変印象深かったことをいまでもはっきりと覚えております。

## 偉大さの再認識

学生時代から、私も高橋先生の学者としての偉さについてはいろいろな形で読み聞きしていたわけですが、いわば偉大さの再認識をしましたのは、『高橋誠一郎経済学史著作集』(全四巻、創文社 一九九三年)の編集のお手伝いをしたことがきっかけです。ここで経済学史を中心とする先生の業績がはじめてまとめられたわけですが、そのときに編集委員会のご指名で、まさに主著中の主著と目される『重商主義經濟學說研究』の校正作業をいたしました。

すべて原著から組み直しましたので、組み上がったゲラの校正を仰せつかりまして、四苦八苦してやった覚えがあります。これは原著と首っぴきですので、この著作については隅から隅まで、少なくとも目では読んだという自信はあるわけですが、最初の校正の結果につきましては惨澹たるもので、当時の大島通義経済学部長からお叱りを受けた覚えがございます。結局、大島先生ご自身がすべて再点検されてようやく校了したと記憶しますが、そのお蔭もあり、現在出ている創文社版の『重商主義經濟學說研究』はもちろん立派なできになっております。

この著作集のお手伝いをきっかけに、私にとっていわば伝説的存在であった高橋誠一郎が、がぜん研究者として身近な存在になりました。高橋先生とほぼ同世代の高名な学者に、スウェーデンのヘクシャー（Eli F. Heckscher, 1879-1952）という人がおりました。この人が一九三一年にスウェーデン語で『重商主義』という名著を出し、それが四年後に英訳をされ、ケインズがこれをたいへん高く評価して、翌年に出版された『雇用・利子・貨幣の一般理論』の中でずいぶんと言及したことがよく知られています。

このヘクシャーのスウェーデン語版の翌年、すなわちケインズ『一般理論』の四年前にあたる一九三二（昭和七）年に高橋先生の『重商主義經濟學說研究』が出版されます。もちろん、その時点では、ヘクシャーの著作のことを高橋先生はご存じなかったと思われます。その後はすぐにヘクシャーの業績をお知りになったと思われますが、高橋先生の著作はヘクシャー『重商主義』とはまったく性格のことなる独自のご研究であり、あらゆる意味ではるかにスケールの大きなものので、国際的に見ても、同時代を代表する重商主義研究の一つであったことに間違いありません。

だいぶ世代は下がるのですが、私が研究者として歩み始めた頃の日本の重商主義研究というのは、立教大学の名誉教授で、学士院会員でいらっしゃる小林昇先生の業績が目の前に聳える高峰でありました。小林先生の諸著作も膨大ですが、それらと取り組みながら、それぞれ自分の十八世紀イギリスの経済学説史等の研究を始めるのが、当時の駆け出しの普通のやり方でした。いまにして思うことですが、その小林先生のさらに向こう側に、比較を絶したかたちで巨大に聳えているのが高橋経済学史の大山脈ということになろうかと思います。

今日の私に与えられた課題は「社会思想史家としての高橋誠一郎」ということですが、このテーマは、ある意味でたいへん難しいテーマです。というのも、慶應義塾、あるいは、日本の学界全体といたしましても、高橋先生はとにかく、イギリスを中心とした重商主義学説研究の大家ということで知られており、社会思想史家としての高橋先生のお仕事を本格的に検討するということは、これまでほとんど行われたことがないからです。

高橋先生の重商主義を中心とするご研究は、通常の経済学説史をはるかにはみ出る大きさをもっております。その点がまた、オーソドックスな理論史的・文献実証的学史研究のスタイルを踏襲しているヘクシャーや小林昇先生の業績との決定的といってもよい違いになるわけですが、その点がさらにまた、先生の学説史研究が社会思想史的学説史研究であった、いや、誤解を恐れずにさらに言うなら、高橋経済学史の本領はその社会思想史的アプローチにあった、とすらいえる理由でもあるように思います。

以下では、このような先生における経済学説史研究と社会思想史研究との深いつながりを、「経済学史の方法としての社会思想史」という形でとらえられないかと考えました。言うまでもなく、以下の議論はまだまだ思いつきの域を出ないものであり、いずれなされるべき本格的な検討の準備作業にすぎません。

## 経済学史の方法としての社会思想史

それでは、「経済学史の方法としての社会思想史」というのはどういうことでしょうか。高橋先生は理財科・経済学部を通じて、基本的な担当科目は「経済原論」「経済学史」「経済思想史」「経済学前史」等でありまして、「社会思想史」という科目を担当されたことは基本的にはありません。義塾の「社会思想史」は、堀江帰一が「社会問題」という名前で大正九年に始めて以来、小泉信三や加田哲二といった方々が戦前、前中にかけて担ってこられたわけです。しかし、これは形式的な講座担当として見た場合でありまして、それにもかかわらず、高橋先生の経済学説史の見方の背後には、やはり社会思想史的な視点が一貫しているのではないかというのがここでの論点であります。

まず、先生の経済学史研究の特徴として、その理論的基礎が着実・強固であるうえに、ギリシア、ローマ、古代から中世を経て、近代、現代に至るまで、経済学の歴史的展開を鳥瞰する姿勢と方法にまことに巨大かつ透徹したものがあるということを指摘しないわけにはいきません。論じる時代の幅広さや歴史的人物の多さなどの点で対象が膨大と言うだけでなく、それらを論じる先生の視点や方法に明確かつ一貫したものがあるわけです。

しばしば高橋経済学史は文献考証学と理解されがちなのですが、そうした見方というのは、完全な間違いではありませんが、きわめて一面的なものであると思います。高橋先生の文献考証はいまから見てもきわめて厳密で正確なものですが、しかし高橋先生の本当の美点は、その背後にある広く深い歴史的な見方、そしてまた透徹した思想史的な見方であって、それを私は「経済学史の方法としての社会思想史」と呼びたいと思います。

具体例として、一九二九（昭和四）年に出版された『經濟學前史』の編別構成をご覧いただきたいと存じます。

第一編「古代」　財富観、貨幣・価格論、利子論、職業論、奴隷制度論、社会思想

第二編「中世」　社会思想および所有権論、正価論、利子論、奴隷論、貨幣学説

第三編「近世」　貿易論、貨幣・価格、利子論、人口論、財産論

この書物もまた「古代」「中世」「近世」と論じる、七五〇頁におよぶ膨大な研究ですが、まず、「古代」においては、財富観、貨幣・価格論、利子論という、厳密に経済学説史的なテーマと並んで、職業論、奴隷制度論、そして社会思想という章がそれぞれ設けられています。「中世」も同じで、社会思想および所有権論、そして奴隷論が加えられる。そして「近世」では当然にも経済学的な部分が多くなるのですが、人口論、財産論という部分については、きわめて社会思想史的な議論になっております。

本書の最初の部分に次のような言葉があります。

「吾人は、経済学前史を講述するに当たり、全然他を顧みることなくして、ひとり経済思想及び経済学説のみを伝うること能わざるなり。」

ここで先生は、経済学説史というのは、とくに近代以前においては、単体で論じることはできないということを明確に述べておられます。すなわち経済学以外の哲学や政治学や倫理学といった、要するに社会思想史的な関連領域を幅広く網羅しなければ、古代、中世、それから近世初頭の経済学史そのものが論じられないと述べておられるわけです。

とくにその中で重要なものとして、財産論、所有権論というものが一つの鍵をなしているのではないかと私は考えております。これは私が考えているだけではなく、飯田裕康先生が『経済学前史』について、「一本の赤い糸として貫いている」と指摘されております（「高橋誠一郎と慶應リベラリズムの伝統」『三田評論』二〇〇一年四月号）。私もまったく同感です。

財産論というのはプラトン、アリストテレスに始まるヨーロッパ思想の中心問題の一つであって、近世の少なくともホッブズやロックやヒュームやスミス、そしてさらには十九世紀以降のリカード、ミル、マルクスと、ほとんどすべての西欧の思想家たちは、この私有財産という制度をどうやって原理的に正当化するかを考えてきました。

これは一面では、私有財産を大前提とする社会をどのようにしてわれわれが受け入れればよいかを論じると同時に、他面では、私有財産にもとづかない社会の可能性を探求するという伝統でもあるわけです。プラトンやモアの「共産主義」というのはよく知られるところですが、あとで述べますように、高橋先生もその問題に終生深い関心をもたれていました。

二番目の例として『重商主義經濟學說研究』を挙げたいと思います。この一千頁を超える大著の中で、あわせて約三〇〇頁が、第六編の「社会思想」、第七編の「政治算術と倫理哲学」という社会思想史的な議論に当てられております。現代の経済学史の通史でもかならず登場するヒュームやスミスといった人物たちと並んで、モアやベーコン、ホッブズ、ロック、ハチソンといった、現代であれば経済学説史ではほとんど論じられず、むしろ社会思想史等で論じられる大思想家たちがくわしく論じられているばかりでなく、ヒュームやスミスについても、彼らの経済学説だけでなく、その道徳、政治にかかわる議論が詳細に論じられています。この部分は、現代の経済学史の書物では、当然のように割愛されてしまう部分です。

## 高橋誠一郎における「ユートピア」と「共産主義」

さて、このように先生の経済学説史そのものが社会思想史的な性格を色濃くもっているということを踏まえて、問題をもう少し具体的に、とりわけ、「ユートピア」の問題として、考えてみたいと思います。結論を先取りして言うなら、それはまた、江戸の浮世絵版画にたいする先生の限りない関心と愛情がもつ社会思想としての本質につながるテーマでもあります。

高橋先生における経済学説史と浮世絵版画の研究および収集との関連などというテーマは、これまでほとんど思いつかれることすらなかった（一見すると魅力的ではありますが、じつはきわめて難しい、ある意味では無謀ですらある）テーマです。そこで、以下では、正攻法と言うよりもまずはからめ手から、こうした問題を考える糸口を、直接には経済学史等の学問的な著作ではない、一般向けの論説や評論、エッセイの数々のなかに見出していこうと思います。

このような視点から、高橋先生が書かれたものを読んでいきますと、まず、驚くべき知性と美意識の早熟性に気づかされます。まず次の引用文をご覧いただきたいと存じます。

「この両少年はその学業において優秀であったばかりでなく、その容貌においてもまた、秀麗であって、一校中の花と輝いていた。ある日私は外に誰もいない教室内で高松君と大喧嘩をやり、机や椅子の間に同君を押し倒して、馬乗りになり、咽喉をしめようとした時、うらめしそうに睨んでいる同君の顔の気味の悪いほどの美しさに思わず恍惚として手を緩めたことを覚えている。」(「野毛と三田」一九四一年、『王城山荘随筆』。『新編随筆慶應義塾』〔二〇〇九年〕所収)

これは「野毛と三田」という戦前の素晴らしいエッセイです。高橋先生は新潟のお生まれですが、よく知られているように、家業が破産をした等の関係で横浜の野毛で育ちました。その時代を振り返った箇所で、野毛の老松小学校という当時の官僚の子弟等がいく学校の旧友たちの思い出を語られているところです。

これは小学生時代の出来事を回想したものです。それがいかに強烈な印象を高橋少年にあたえたとしても、普通ではちょっと考えられない感覚ではないでしょうか。高橋先生の場合、人を見るときに、頭脳が「優秀」ということと容貌が「美しい」ということが、しばしば一緒に出てまいります。これは高橋先生を理解するうえでの大きな鍵だと思うのですが、その感覚が小学校時代からすでに明確に芽生えていることがわかります。首を締められて苦しんでいる者のなかからにじみ出す美、その感覚を「退廃美」という言葉こそ使われてはいませんが、「気味の悪いほどの美しさ」という言葉であらわしています。

同じような文章をもう一つ紹介します。

「(福澤家の書斎で)手当たり次第に雑多な書籍を取り出して読み耽ったのであるが、殊に忘れ難いものは木版本の味であった。京伝と豊国、馬琴と北斎、種彦と国貞、春水と国直、などの名コンビによって描き出される廃頽美の不思議な魅力は今も全く忘れ去ることが出来ぬ。」(「読書自伝」一九四一年、『大磯箚記』)

これは高橋先生が普通部に入り、最晩年の福澤と接して、三田山上にあった福澤家に自由に出入りを許されていたときの思い出です。これはもちろん、普通部時代の出来事をのちに回想したものではありますが、浮世絵等の美が「廃頽美」という言葉で表現されており、ここに小学校時代からの明確な継続性がみとめられるわけです。

暴論と言われるかもしれませんが、私はこのような美に対する特別な感覚が、高橋先生の「ユートピア」観、とりわけ、ヨーロッパのユートピア思想の原点とも言うべきプラトンの思想、すなわち、哲学者の王が支配し、国家を指導する男女が結婚制度と私有財産制度から解放され、いわばエリートの共同体を構成するという、プラトンの「共産主義」への先生の執拗な関心の背後に、厳然と存在していたのではないかと思うのです。

「共産主義」といいますと、普通には近代の共産主義のことで、マルクスがその代表者ということになるわけです。しかし、高橋先生における「共産主義のユートピア」は、マルクス主義的な共産主義、つまり、生産手段の国有化であるとか産業の組織的な管理であるとかというよりは、もっと単純なもの、すなわち、私有財産と結婚制度の否定としての共産主義の理想のことであったと思われます。

それはしばしば、男性による女性の共有を主張する「粗野な共産主義」として、マルクス主義の陣営からは厳しく批判されてきたものですが、高橋先生がそうしたものに共鳴したとは言えないまでも、そこにふくまれる男女の平等と自由恋愛の理想は、先生にとって終生、汲めども尽きせぬ憧《あこが》れの対象でありつづけたように思われます。マルクスによって「粗野な共産主義」の代表者として攻撃されたシャルル・フーリエの思想に、先生が一貫して大きな関心を抱かれていたことも、その傍証といえるかもしれません。

## ユートピアと理性

同時にまた、高橋先生の社会思想、とりわけ理想社会のありかたについての考え方のなかには、一見すると、「ユートピア」としての「共産主義」の対極にあるような、きわめて急進的・理性主義的な考え方がありました。高橋先生の言葉で言いますと「自然法」や「フィジオクラシー」の問題ということになります。フィジオクラシーというのは通常、ケネーやチュルゴといったフランスの重農主義者の思想のことを言うのですが、本来の意味のフィジオクラシーは、「自然の摂理が人間の社会をも支配している」という意味であり、高橋先生はその本来の意味で「フィジオクラシー」という言葉を用いておられます。

先生は、スミスを論じているなかで、スミスのあとに資本主義は変わったけれども、スミスは歴史の変化を貫く不変の人間本性というものに着目したのであり、「絶えず変化し流転していく人為的社会組織の下に完全に之を支配する〈自然的秩序〉は厳然と存するのではあるまいか。」(「アダム・スミス死後一百五十年」一九四〇年、『経済思想史随筆』)と言います。

プラトンにまでさかのぼる共産主義のユートピアへの憧れと、それと対極にあるかのような強い理性主義、自然法思想的なもの、これが高橋先生の社会思想の二つの柱になっているのではないかと思われます。

例えば、一九二三（大正十二）年に書かれた『協同主義への道』では、「我等はただ自然的理法にのみ従う、賢明なる法則は主権者が之を命ずるに先立って既に服従を要求する」。それに従って「組織的労働による産業の共同管理」が必要だ、ということが述べられており、これだけ取るならば、マルクス的な社会主義とあまり違わない言葉になるわけですが、当時の高橋先生は、経済学者としては、剰余価値論にもとづくマルクスの資本主義批判には賛同しなかったとしても、私有財産制度がもたらす貧困や不平等といった社会的害悪については、これを正面から直視し、それを少しでも解決するための「産業の共同管理」が必要だと考えていたように思われます。

この著作は、高橋先生の数多い著書のなかでは忘れられている著作と言ってよろしいかと思いますが、小池基之先生は、このような意味においてかどうかは別として、「『協同主義への道』は、先生の思想の、あるいは思想史への関心の、底流をなすもののごとくである。」（「経済学者としての足跡」『三田評論』一九八二年六月号〈追悼・高橋誠一郎〉）と述べておられます。

私有財産制度の否定、および、それと一体の結婚制度の否定としてのプラトン以来の共産主義の伝統は、現実にはどこにも存在しない理想社会の探求として、先生にとって、美的な憧憬の対象であるばかりでなく、理性的な社会批判の根拠でもあったと言うことができるかもしれません。プラトンその人において、理性的なものと美的なものが究極的にはひとつであったのと同じように、先生にとっても、「正しい」理想社会の探求と、「美しい」人間社会のあるべき姿とは、最終的にはひとつであったとは言えないでしょうか。

## プラトンのユートピア

このような社会思想史家としての高橋先生のユートピア観を踏まえて、もう一つのユートピア、ユートピアと言うとすこし語弊があるかもしれないのですが、「女性への憧れ」とあえて表現したいものが、先生の浮世絵版画をめぐる考え方の基本にもあったように思われます。

私自身はもちろん浮世絵には何の造詣もありません。ただ、高橋先生が浮世絵について書き残されたものを読んでみますと、これまでお話ししてきた共産主義のユートピアとも相通ずる社会思想史家としての見方が、そこにもはっきりと貫いていると感じられます。つまり先生は、男女平等、私有財産と結婚制度からの女性の解放という、共産主義のユートピアの原点としてのプラトン評価と同じ眼で、浮世絵を見ていたのではないかということです。

とにかく高橋先生の「男女平等」についての主張にはきわめて力強く、また明確なものがあります。福澤諭吉が『新女大学』等で明治の初頭において非常に先進的な、例外的といっていいくらいの男女同権論を述べたことはよく知られていますが、その遺産を継ぐような形で、高橋先生には非常に強い男女同権への主張、それから女性に対する何ともいえない温かいというか熱いというか、これらを合わせて「憧れ」と私は表現しているのですが、この感情が貫いていると思うのです。

早くも、『協同主義への道』では、「多数男女の相互協同の上に打ち立てられた社会制度の完成」が人類の目指すべき目標として述べられておりますし、戦後の比較的あたらしいエッセイでも、その時代になってもまだ、日本社会には男性の女性に対する差別感や蔑視が、口に出さないまでも厳然として存在しているということを、強い調子で指摘されています。

「男女が真の平等な交際から生じる知識的同情的快楽を享受することのできるのはいつの日であろうか。男女の相互協同だけが、ひとりよく両性間に真の平等を生じるのである。」（「劇場の婦人」一九七三年、『随筆慶應義塾 続』）

これは現代の日本においても、なおまだ耳に痛い、鋭い指摘ではないかと私は思います。そして、くり返して言えば、こうした考え方の根幹には、プラトンのユートピア論がいつも原点としての役割を果たしていたと考えられます。先生は、アリストテレスの女性蔑視との比較で、つねにその師プラトンの男女平等思想を高く評価していました。

「工業の資本化とともにその第一歩を踏み出した婦人の解放は多難の道を歩みながら、着々としてプラトーン的理想を現代に実現せしめつつあるのである。」（「女大臣の肖像」一九三六年、『書斎の内外』）

## 浮世絵の社会思想史的考察

そういうなかで、高橋先生が浮世絵というものにどのようなまなざしで接したのであろうかということがここでの問題なのですが、まずはじめに、次の引用をご覧下さい。

「大和絵すなわち浮世絵の興隆は漸くにして国民的自覚心の生じつつあった時代を徴示するものであって、長流、契沖、春満、真淵等によって提唱せられた和学の勃興と同様の現れとも見ることが出来る。」

「封建的旧勢力に対して未だ充分に其の人格上及び財産上の諸権利を確保することの出来な

かった当時の町人階級は、ひたすら、刹那的享楽主義に沈湎し、而して其の歓楽の対境を遊里と劇場とに求めた。」（「浮世絵と徳川幕府の倒壊」一九三七年、『大磯割記』）

これは浮世絵を社会思想史的な観点から分析した言葉です。一方において「浮世絵の興隆は漸くにして国民的自尊心の生じつつあった時代を徴示する」と言っておられます。十七世紀から十八世紀にかけてのイギリスが、まさに近代化の先頭を切って、重商主義政策を押し進め、資本主義化の準備をしていた。そのなかで、近代的な国民主義というものが芽生えてきて、それが強い自信となってイギリスの重商主義を下支えしていた。ある意味ではそれと似たものが、この十八世紀の日本にも芽生えつつあった。このことを先生はみとめます。

それにもかかわらず、「鎖国」という体制――イギリスの重商主義は貿易を統制しましたが、決して鎖国はしませんでした。むしろ活発に外国貿易、とくに輸出を促進することによって富と資本を蓄積するというのがイギリス重商主義の特徴です――の二百五十年間のなかでは、国内経済のそれなりの発展によって資本を蓄積しても、海外市場という販路がほとんどない。そういうなかで、それ以上の経済成長の展望を抑圧された市民階級の自己実現欲求が、屈折したかたちで表現されたもの、それが浮世絵であるというのです。

これに対してイギリスでは、商工業階級、つまりブルジョアジーが積極的に政治に関与し、国の政治に影響を与えながら重商主義を押し進めていった。そして、ついには重商主義の保護政策も不要となって、アダム・スミスの自由貿易主義が登場するという、高橋先生のシナリオと比較して、日本ではなぜそういう展開にならなかったのかということが、先生の根本的な問題でありました。

つまり日本の場合には、鎖国体制という限界もありましたが、町人階級自身がイギリスのブルジョアジーに比べて明確な権利意識や独立心を欠き、政府に対して自らの利益や権利を積極的に主張していく力に欠けていた。そしてその余ったエネルギーが、劇場や遊郭に注がれていった、そこでできたあだ花が浮世絵であるという、鋭く厳しい見方をしているわけです。「鎖国経済の温床に育成せられた、開国の嵐にもろくも散った弱々しい芸術品」(「鎖国経済と浮世絵版画」一九四一年、『王城山荘随筆』)という言葉は、まさにそういうことであります。

しかし、そのように言いきってしまいますと、高橋先生の浮世絵評価としてはいささか一面的になろうかと思います。高橋先生が、社会思想史家としてのこうした厳しい評価にもかかわらず、なぜあれほど浮世絵を愛したのかという疑問が残るからです。

戦前から戦後にかけて、高橋先生はいろいろなところで浮世絵について述べておられます。一つ紹介しますと、かつて『改造』という有名な雑誌がありましたが、その一九四九年七月号に、「日本及び日本人」という座談会が載っています。この出席者というのが素晴らしい顔ぶれで、志賀直哉、梅原龍三郎、武者小路実篤、広津和郎、そして高橋誠一郎、となっています。当時の先生の文化人としての地位の高さがうかがわれますが、そのなかで、志賀氏が「春信はきれいだな、高橋さんいろいろな角度があるだろうけれど、誰なんかことにお好きなんですか」と聞くと、「そうですね、今のお話の春信あたりが一番好きなんじゃないかと思うのです」と答えておられます。そのあとに、「浮世絵の良さというのは結局どういうところにあるのですか」と記者が質問すると、先生は、「それは難しい、私は卑俗美にあるというのですがね。そういったところがおもしろいと思っている。下司ばったところ、そういうところに味わいがある」と言っておられます。

つまり、「退廃美」という少年時代以来の認識が、社会思想史家としての成熟した見識と合わさって、「卑俗美」という言葉になっているのではないか。同じ座談会で先生は、最初に浮世絵を見たときに、非常に下品なものだとむしろそれを軽視し、馬鹿にしたような考えをすらもっていたと述べておりますが、そういう批判的な観点というのは昇華、洗練されながらも、おそらく晩年まで続いていたのではないかと思います。

言うまでもなく、浮世絵研究者としてのこうした評価は、先生の社会思想史家としての歴史認識と一体のものでありました。すなわち、江戸時代の日本社会が、どこまでいっても近代社会として未成熟、未完成なものにとどまり、最後はそれが退廃に陥ってしまった、なぜイギリスのような市民社会としての力強い成長ができなかったのか、という社会思想史家としての分析と重なっているわけです。

## 「春画」とポルノの擁護

慶應義塾に寄贈された高橋先生の「浮世絵コレクション」というのは膨大なものがあるのですが、これについて文学部の内藤正人先生が、「高橋コレクションには実は、春画の作品もずいぶんあったのですが、残念ながらそれらは慶應義塾には入っておりません」と言っておられます(「高橋先生と浮世絵コレクション」『三田評論』二〇〇七年十月号、本巻収録七四ページ参照)。私も個人的には残念だと思うのですが、それは仕方のないことです。いずれにしても、高橋先生が浮世絵の「卑俗美」を語るとき、春画のことも視野に入れていたことは間違いないことです。

こういうなかで、高橋先生の浮世絵への愛情の根源というのはどこにあったのかというと、いささか大胆に言いますと、やはり、終生変わることのない女〈性〉への憧れ、ということになるのではないでしょうか。浮世絵に描かれた女性の美しさというものに、高橋先生は福澤家への出入りを許された普通部時代以来、あるいはむしろ、それ以前の野毛の少年時代以来、終生、つよく惹きつけられ魅了されていた。そして、この美しさは、卑俗美とか退廃美と切り離せない種類の美しさであり、やはり性的なものを強く含んでいるというのが私の見方です。
この意味での代表的な一節を引いてみましょう。

「浮世絵師の描く美人は、もしそれが高貴の婦人であっても、堅気の女性であっても、どこやらに水商売の女のように淫蕩的な風情を見せているものが甚だ多い。」「性欲を十分に満足させながら、それから結果する生殖を免れたいという願望、これが経済発展を抑止されていた我が徳川時代にはとくに強いものがあった。」「性欲満足の相手を欠いた御殿女中や、後家や、未婚の女子は、その意中の恋人である贔屓の役者の浮世絵姿をひしと抱きしめて、自慰的陶酔にふけっていたことであろう。」（「売春と同性愛」一九六一年、『浮世絵と経済学』）

ここには、退廃美、卑俗美の極致としての浮世絵の本質が、爛熟と閉塞の江戸時代における浮世絵版画の本質として確認されているばかりでなく、浮世絵版画のもつ性的なものの意味と社会的役割が、いわゆる「春画」だけにとどまらない、浮世絵版画そのものの本質として、するどく指摘されております。浮世絵研究者高橋と社会思想史家高橋との見事な統一を、ここにみることができるのではないでしょうか。

ところで、高橋先生は映画倫理委員会、いわゆる「映倫」の初代委員長を昭和三十二年から二十一年ものあいだお務めになりました。先生の映倫委員長としての使命感には特別なものがあり、それはやはり浮世絵の問題と関係があるのです。ある新聞のインタビューで、「浮世絵画家はみんな春画を描いている。描かなかったのは写楽ぐらいでしょう」と言われ、浮世絵がだんだん堕落して、売らんかなの営利主義に走り、質より量となって、質が落ちていくのが「版元の組合による自主規制、いまの映倫みたいなものがなくなってしまう段階からだ」ということを指摘しておられます。これは当時、「黒い雪事件」、「日活ロマンポルノ事件」などにからんで、先生が映倫委員長として警視庁と相当戦うんです。当時、連合赤軍による「あさま山荘事件」等が起きる殺伐とした時期ですが、そのなかで、警視庁のポルノ（成人映画）規制はまったく根拠のないものだとして、次のように言われています。

「いまのように、世相が険悪で売春も禁じられている時には、映画ぐらいきわどいところを見せて、そのハケ口を見いだす、といったらおかしいかもしれないが、よほどゆるやかに取り扱ってやってもいいんじゃないかと思いますねえ」（『読売新聞』昭和四十七年二月四日、朝刊）

つまり、権力による上からの検閲ではなく、そういう言論、表現の自主規制の擁護というものを、先生は自由社会のいわば生命線と考え、それを守る映倫委員長としての仕事に強い責任感を抱いていたと考えられます。社会思想史家として批判的に見れば、さまざまな限界はあったにせよ、当時の日本であれ、浮世絵全盛の江戸時代であれ、退廃美と卑俗美が、わいせつ性と渾然一体となる芸術家たちの必死の自己表現を、先生は心から愛し、これを権力の抑圧から守ろうとしたのではないでしょうか。

## 見果てぬ「ユートピア」の夢

そして、くり返しになりますが、このような透徹した分析が、社会思想史家としての高橋先生のなかでは、プラトン以来のユートピアの問題としてとらえられ、またそれとの対比において、江戸期の日本文化の理解に適用されていました。

「新興町人階級の間には、封建の武士道に対して新時代の町人道を成立させようとする気運が認められないではなかったが、彼らと其の代弁人とは概して偏狭な封建的精神を脱却することができず、新しい倫理を積極的に発達させることを得なかった。……心学者流の影響を受けて書かれた江戸銀座の商人山東京伝の『栄花夢』のごときも、単に生産の困難、労働の辛苦をのべるに止まり、新興階級のために職業の誇りを表明し、経済的活動を賛美するには至らなかった。少なくとも、黄表紙の世界では、当時の作家はわずかに小市民階級的道徳を説くのみであって、ついに彼らの「ユートピア」を描き出すことがなかった。」

これに対して近代のヨーロッパでは、

「ルネサンスは再び人間の思想を改革の問題に導き、ことに社会制度に関する研究を刺激した。地上の生活をして最良可能のものたらしめようとするの熱火は、ここに再び点ぜられた。古哲プラトーンは人本主義者の間によみがえった。……真のルネサンスを経ることのなかったわが国には正しいユートピア的思想は生まれて来なかった。」(「黄表紙の夢と無何有郷」一九四七年、『結婚指輪』)

「無何有郷《むかゆうきょう》」というのは、つまりユートピアのことです。山東京伝をはじめとする当代一流の戯作者の作品には、ほとんどユートピア文学として認めていい上質のものがたくさんある。そしてその背後には、江戸期の日本社会のそれなりの成熟と近代化、市民的自我の成長があった。それにもかかわらず、近代市民の自己主張としての「正しいユートピア的思想」はついに生まれなかった。ここには、有名なマックス・ウェーバーの『プロテスタンティズムの倫理と資本主義の精神』との比較などが念頭にあったと思われますが、職業の誇りというものを基盤に、資本主義をつくりあげていく西ヨーロッパ、とくにイギリスの新興階級というものが日本の江戸時代には見当たらないと言っているわけです。いろいろな市民文学はあるけれども結局、ついに、彼ら自身のユートピアを力づよく描き出すことはなかった。このように高橋先生は考えました。

「ユートピア論」はいまなお社会思想史上のたいへん重要なテーマでして、イギリスではトマス・モアの『ユートピア』（一五一六年）や、フランシス・ベーコンの『ニュー・アトランティス』（一六二六年）などがとくに有名ですが、理想社会というものをこの世のどこにもない世界に求めるのではなく、地球上のどこかに実在する社会の可能性として論じたものです。モアの『ユートピア』ではご承知の方も多いかと思いますけれど、例えば、便器が金でできている。つまり金というものを人間社会、いまの社会では大層ありがたがっているけれども、このユートピアでは価値観がまったく転倒していて、私有財産に対する否定とか、当時の現実に対するアンチ・テーゼが描かれているわけです。

しかし、これはたんなる空想や夢物語ではなく、モアの強烈な現代批判、当時のテューダー朝の国家に対する痛烈な批判なのです。それはすなわち、羊が人間を食べていると言われた「囲い込み運動」といわれる歴史的な動き、つまり、農民の保有地を地主が囲い込み、当時の国民的産業として急成長しつつあった羊毛生産のための牧草地を確保しようとする政策を、時の政府が残酷な方法で進めていたことを、痛烈に批判するための文学という性格をもっていました。

イギリス・ルネッサンスを代表するモアの思想の力強さというのは、結局は、イギリスのブルジョアジー、すなわち、新しい社会をつくっていく次の時代の担い手にバトンタッチされて、ルネッサンスの遺産を受けついだ「社会制度に関する研究」に結実していきます。それがまさに、スミスの出現を頂点とする十七、十八世紀イギリスの経済学の発展であり、それに対して日本の場合には、そういうユートピア文学から経済学へという力強い発展が見られないということを、高橋先生は嘆いておられるわけです。

## 福澤諭吉と高橋誠一郎――むすびに代えて

最後に一言付け加えれば、この日本における見果てぬユートピアの夢を、厳しい封建社会の批判をふまえながら、近代的な社会科学の思想として開花させたのが福澤諭吉その人であったと、高橋先生は考えていたように思われます。すなわち、ユートピアとしての浮世絵や戯作といった江戸の文化が、イギリスのユートピア文学やブルジョアジーのように明確に言い切れなかったことを、ようやく明治維新が実現したあとに、福澤が形を変えて学問・思想として力づよく表現し主張したというわけです。そのような意味では、福澤はまさに日本のスミスであった、と言えるかもしれません。

すでにふれたように、ユートピアの理念というのは、そのままでは現実の社会そのものの建設や改良には役立ちません。それは批判すべき現実に対するアンチ・テーゼの表明ではあっても、それが現実を変革するためには、理性と学問の力を必要とします。イギリスにおける近代市民の自己主張として、モアのユートピアがスミスの経済学として姿を変えながら継承されていったように、また、スミスの経済学がその後の政府によって、自由主義的な改革の武器として利用されていったように、江戸市民の見果てぬ夢を明治維新後に引き継いだ福澤の思想と学問は、戦後日本社会の再建と取り組んでいた文部大臣としての高橋先生によって、民主主義的変革の武器としての役立ちを期待されることになりました。

「私どもは、理性によって想像することのできる最善の状態、すなわち理想郷の実現に向かって邁進しなければなりません。最高の社会思想の構成は、決して、奔放不羈なる想像力の行使によるものではなく、自然的因果性と論理的合理性とをもって作為されなければなりません。」（「人間完成」一九五一年、『結婚指輪』）

これは「人間完成」という昭和二十六年のエッセイですが、文部大臣の経験などをふまえて、日本の戦後社会の、とくに教育面での改革を論じておられるところです。教育基本法制定、六・三制の導入など、それまでの文部大臣ができなかった教育改革を、高橋先生は一年足らずの在任中に、次々と実現しました。

高橋先生が文部省の職員の前で、新教育基本法成立を祝って行った演説があり、これは素晴らしいものですが、そのなかではっきりと、教育基本法というのは「独立自尊」の思想の実現だと言っておられます。江戸期の市民文化と見果てぬユートピアの夢を、日本社会の近代化の事業として引き継いだ福澤の思想は、戦後日本社会の再建に取り組んだ高橋先生によって、いわば福澤のユートピアの実現として見事に引き継がれたわけです。言うまでもなく、それが福澤の夢の完全な実現であったかどうかは、また別の問題ですが。

# 高橋先生の経済原論

福岡正夫
（慶應義塾大学名誉教授）

ご紹介いただきました本塾名誉教授の福岡でございます。このたびは高橋誠一郎先生の生誕百二十五年という大変おめでたい年にあたりまして、ここで話をする機会に恵まれましたことをまことに光栄に存じております。

もう三年ほど前になりますか、やはり高橋先生の歿後二十五年という行事がありまして、そのときの記念講演会におきましても、私は「高橋誠一郎先生と経済学説史研究」という題で、このようにこの同じ席で話をさせていただいたのですが、今日《きょう》はご案内のとおり「高橋先生の経済原論」、そういう題で話をするようにと主催者から仰せつかりまして、これは実のところ大変なことだなと思いました。といいますのは、追い追い申し上げてまいりますが、先生の経済原論についてお話しいたしますのは、先生の本来のご専門である経済学説史の研究についてお話しすることよりもずっと難しいことなのでありまして、今この場に臨みましても一体どういう視点に立って話を進めていったらよろしいものやら、いささか考えあぐねる面がないわけではございません。そういったことで、以下いろいろと要領を得ない点があるかもしれませんが、それらにつきましては何卒ご海容下さいますよう、あらかじめお願い申し上げておきます。

さて、それでは「高橋先生の経済原論」ということでお話ししようとする場合、私にとりましては、それは一つには私の学生時代に拝聴いたしました、先生の「経済原論」というご講義についてそのときの印象をお伝えするということと、またもう一つには先生の『經濟原論』というご著書について学問的な立場から私の見解を申し述べるということ、これら二つのことを意味しております。そこで順序といたしまして、まず最初にこの三田山上でご講義を聴講させていただいた体験を語るほうから始めさせていただきます。

## 講義「経済原論」の思い出

私は現在いわゆる後期高齢者でありまして、私より若い方で先生の「経済原論」のご講義を聴かれたことがあるという方はもはや残り少なくなっていると思いますが、私の場合も先生の「原論」のご講義を聴かせていただけたのは、昭和十九年すなわち一九四四年の九月から同年十二月までのわずか三カ月のあいだだけのことでありました。当時は戦争の真只中で勤労動員というものがあり、壮年の男子があらかた兵隊にとられて国内の労働力が大変不足いたしましたので、学生が代わりに学業を一時とり止めて工場や農村に働きにいかなければならない。そうした事情で、学期の制度もはなはだ不規則でありまして、秋の九月に日吉の予科の課程を終えて、三田の本科に移る。そこで私の場合は、昭和十九年の九月から同じ年の十二月まで三カ月のあいだだけ、三田の今でも残っている中央の第一校舎で、先生の「経済原論」のご講義を聴く機会に恵まれたのでありました。翌昭和二十年の年が明けると、私自身が兵隊にとられて学窓を離れなければなりませんでしたし、戦後幸いにして復員でき、ふたたび三田の学業に戻りましたときは千種《ちぐさ》義人《よしんど》先生が「経済原論」を担当されていましたので、そういったわけで私が高橋先生の「原論」の授業に接しえましたのは、もっぱら今申し上げました昭和十九年のわずか三カ月のことにすぎなかったのです。

そのときの印象は別の機会にも記したことがありますが、何分戦争中のことでしたから、有名な伝説になっておりました、先生が羽織袴、白足袋に草履というお姿で講義をされたというのはもはや過去のことでありまして、私どもの目の前に登場されました先生は、いわゆる国民服、国民服といっても今の若い人はお分かりにならないかもしれませんが、中国の周恩来や毛沢東などが着ているような形の服、そうした草色をした国民服に茶色の革脚絆《きゃはん》といういでたちで颯爽と教壇に登られました。お話によりますと、大磯の王城山のご自宅からの列車通勤が押し合い圧《へ》し合いの混みようで、そういった服装でないと揉み苦茶になってしまうのだということでありました。

当時の三田の「経済原論」は高橋先生の「経済原論」と武村忠雄先生の「経済原論」の二本立てでして、どちらをとってもよいということになっていましたから、私は欲張って両方に出させていただいたのですが、武村先生のほうは、戦中先生は陸軍参謀本部の顧問をされていましたので、軍服姿にサーベルという大変勇ましい姿で授業にお出でになりまして、いつもそのサーベルを教壇に立てかけてお話を始められました。当時の武村先生の経済学上のお立場は戦時中勢いを持っておりました国家主義的な、右寄りの経済学に立つものでありましたが、お話はそうした経済学の内容そのものよりもむしろシンガポールやサイパン島があああなる、こうなるといったような戦局論で持ち切りになりました。そのころの戦局といえば、すでにわが国にとりましてはかなり深刻な状態になっていたのですが、やはり事が事だけに血湧き肉躍るといいますか、それを聴きたい塾生諸君でいつも大入り超満員で、ムンムンした熱気が漂っておりました。

ところが一方、高橋先生の「経済原論」は、それとはまったく対極的で、今日《きょう》はチュルゴオの富の概念についてお話ししましょうとか、リカードウの地代の学説はこれこれしかじかとか、毎回著名な大経済学者の経済学説を淡々と語られるものでして、そこには戦時の時局色といったようなものは微塵も感ぜられない、まことにのどやかなものでありました。出席者の数にしてもいつも十数名くらいでしたか少数で、その閑古鳥《かんこどり》が鳴くようなはなはだのんびりした雰囲気の中で、それこそ先生の独壇場とでもいうべき「這般《しゃはん》の事情に鑑みまするに……」といったような語り口で進められていくお話に耳を傾けながら過ごした授業時間というものは、しばし世が戦時中であることを忘れさせる得難いアカデミズムの時間であり、また憩いの時間でもありました。三カ月して私が入隊する直前の学期試験の問題は、黒板一杯に横長に「富」という字をただ一字だけ大きく書かれまして、これについて書けというもので、大いに閉口しましたが、何とか苦心惨憺して答案を仕上げたご利益か、兵隊から帰ってみますとその試験だけで無事二学年に進級できていたのは、何とも有難いことでした。

先生の「経済原論」のご講義につきましては、以上に述べてまいりましたような三カ月の経験が、私の申し上げうるすべてのことを尽くしております。先生との人間的な接触をめぐりましては、私が大学に残ってから思い出に残ることが多々ありますけれども、それらについては別の機会に書いたことがありますし、また経済原論という本日の主題とは直接に関係したことでもありませんので、ここで直ちに先生の『經濟原論』というご著書のほうの話に移ることにいたします。

## 高橋『經濟原論』評価の難しさ

このご著書は昭和十一年すなわち一九三六年に慶應出版社から公刊されたものですが、さて今般の講演会主催者側からのご要望が、このご本についてその現代的意義とでも申しますか、今日《こんにち》の見地から見て先生のこのご本の重要性が奈辺にあるかを評価せよというようなことにあるといたしますと、さきほども冒頭で述べましたように、私の仕事は何を申し上げたらよいのかはなはだ難しいものになるのであります。

どういうことかと申しますと、このご本は今まで先生のご著書というふうにお呼びしてまいりましたが、精確に現物の体裁について申しますと、本のサック（函）には高橋誠一郎「編」ということになっておりまして、高橋誠一郎「著」とはなっておりません。さらに中身の扉ページにも高橋誠一郎「撰述」つまり「撰んで述べた」ということになっております。いっそう具体的に序文の中の先生ご自身の言葉を引用いたしますと、本書は「歐米各國の諸著を參照して、其の諸部分を抄譯補綴《てっ》し」

たもので、

「單に歐米經濟學者の手に成れる幾多斯學上の名著の各部分を摘録して、經濟原論の要旨を叙述せんとするに過ぎざるものであって、其の間殆んど私見を加ふることなきものである。」

と述べておられまして、また昭和十四年の新版の序文でも、

「聴講學生諸君をして筆記の勞を避けしめ、且つ講義の進行を速かならしむるが爲めに、身邊に存する經濟學界の諸名著中より引用し、抜萃し、摘録し、之れを一巻に収輯して上梓したのである」

から、

「固より如何なる種類の獨創をも主張し得ざるものであるばかりでなく、殆んど器械的なる模寫の範圍を一歩も出づること能はざるものである。」

と述べられているのであります。

したがいまして、先生本来のご専門である経済学説史のご著書、なかんづく『經濟學前史』や『重商主義經濟學説研究』のような主要なご著書であれば、それらにおける先生ご自身のご貢献がいかなる点に存するかということを評価する体裁の話ができますが、そして現にさきほど触れました没後二十五年記念の講演のときはそのような話をさせていただいたのでありますが、目下の『經濟原論』というご本の場合はそういった視点からの話をするわけにはまいりません。それがこのご本について今日《こんにち》語ることを難しくする主な理由なのであります。

## 高橋『原論』は四部門学説史の書

まず今日《きょう》私が第一番目に申し上げておくべきであると思いますのは、つぎのようなことであります。このご本の構成は、目次を見て分かりますように、緒論の部分を別とすれば、本論は消費経済学、生産経済学、交換経済学、分配経済学という四篇から成っております。これはやはり先生が序文の中でオーストリアの経済学者オイゲン・フォン・フィリポヴィッチの『経済学原理』の体系にしたがって構成したというご趣旨を述べられているように、当時、経済学の原理を対象とした書物は、いま申しましたフィリポヴィッチにせよ、あるいはロッシャーやチャップマンにせよ、一般に消費、生産、交換、分配という四部門編成をとることが多かったので、そこで先生も、『經濟原論』という書名の本であるからにはそのような四部門編成をとるのがもっとも適当、とお考えになったからだと思います。けれども私がまず申し上げておきたいという点は、そのような構成になっているからといって、先生のこのご本は、それら消費、生産、交換、分配という経済循環の図式ないしはその間《かん》に働いている経済のメカニズムを、一貫した視点から統一的、体系的に一つのコスモスとして説明することを企図したいわゆる経済学原理の書ではないということであります。このご本は今申した四部門に区分けして構成されてはいるものの、さきほど引用させていただいた先生ご自身のご趣旨のとおり、それはこれらの四部門のそれぞれについて欧米の著名な経済学者がどういう説を唱えたかということを彼らの諸著から「抜萃摘録」して「収輯」したものでありますから、当然といえば当然のことですが、そこには互いに相容れない見解も注目すべきものと思われるかぎりはすべて集録されているわけでありまして、その点ではこのご本は書名が『經濟原論』となっているからといって、ふつうの意味での経済原論ないしは経済学原理の書と見るわけにはいかない。つまりこれをたとえばサミュエルソンであるとかスティグリッツ、マンキュー、クルーグマンであるとか、そういった著者たちの経済学教科書、あるいはそれに類する日本の経済原論書や入門書のたぐいと同類のものと見ることはできない、ということであります。

ではそれはどういうご本と見るべきなのかということになりますが、その点についての私の意見をそのものずばりで申し上げてしまえば、このご本は『經濟原論』という標題にはなっているものの、その実体はやはり先生のご専門の経済学説史のご本にほかならないのであって、ただこのご本の場合は経済原論の体裁を借りて消費、生産、交換、分配という四部門に仕切って述べられている。すなわち消費学説史、生産学説史、交換学説史、分配学説史という四部門編成の学説史のご本である。そういう捉え方でこのご本を理解するのが今日《こんにち》ではもっとも理に叶った理解の仕方である。というのが私の申し上げたいことの要点であります。

二十世紀の偉大な経済学者シュンペーターが書いた『経済分析の歴史』という浩瀚《こうかん》な書物がありますが、シュンペーターのこの書物が経済学の歴史をとり扱った書物でありながら、実は今日の経済理論の共通地盤が長い年月のあいだにいかにして築かれてきたかを一貫して現代の視点から究明した書であるという意味では、姿を変えた理論の書であるのとちょうど裏腹に、高橋先生の『經濟原論』は経済原論という書名になっているにもかかわらず、実はさまざまな経済学者が経済の各局面に対していかなる学説を唱えてきたかを概観した書であるという意味では、やはり姿をかえた学説史の書にほかならない。私が上に述べた意見を重ねて敷衍すれば、そういうことになろうかと思います。シュンペーターはいま申した書物では、もっぱら現代のパラダイムにたぐりよせてそれぞれの学者や思想家がそのパラダイムを生成する上で果してきた貢献を評価した

わけですが、高橋先生のスタンスはそれとは画然と相異なるものでありまして、先生ご自身の言葉を借りますと、

「各著者をして其の時代的、思想的背景の前に自己の言葉を以て自己の學説を説かしめ、其の相傳、依従及び對立の関係を明らかにせんとする。」

というのが先生の論法なのであります。先生のこの論法は目下の『經濟原論』というご本におきましても、他の学説史のご著書の場合と何ら異なるところなくそのまま踏襲されているわけでありまして、私がいま先生のこのご本は原理ないしは理論の書ではなく学説史の書であると申しましたのも、その点を申しているわけであります。

『經濟原論』は、前にも述べましたように一九三六年に出版されまして一九三九年に新版が出されたのですが、続いて先生は一九四二年から一九四四年にかけて塾の経済学の機関誌である『三田學會雜誌』に「消費經濟思想史概觀」、「生産經濟思想史概觀」、「正價思想史概觀」、「地代思想史概觀」、「利潤思想史概觀」という分野別の経済思想史のご論説を矢継早に書かれておりまして、そのようにこれらのご執筆が『原論』直後に相次いでなされたという事《こと》の経緯もまた、私がいま申し上げましたような『原論』の性格づけを裏づけるものと解してよろしいのではないで

しょうか。

## 多様な学説の大パノラマ

　では、このご本がそういう性格のものであるといたしますと、等しく『經濟原論』と申しましても、先生のご本は、さあこれから経済学の勉強を始めようという初心者が現代経済学の標準体系をマスターすることを目指して繙《ひもと》くべき本とは必ずしも言えないことになってまいります。そうしますと、現在、経済学を学ぶ者にとって、先生のこのご本の今日的な意義とでも申すべきものは奈辺に求められるべきであるか、その点について皆様にご納得いただけますような何らかの答えを申し上げないことには、私はこの席から降りることができないことになってしまいます。そこで以下の話では、そうした先生のこのご本から私どもが学びうることの意義といったような点に話の軸足を移すことにいたしたいと思います。これまでに述べてきましたところを前提として考えますと、この点につきましてはつぎのような評価の視点がおのずから定まってくるように思われます。

　重ねて述べれば、先生のこのご本には今日主流派と目されている現代経済学の基本原理のみが述べられているわけではありませんで、併せてそれらとはかならずしも軌を一《いつ》にしない他の多くの学説もまたいろいろと包摂されております。われわれはあたかも万華鏡《まんげきょう》、カレイドスコープを覗き見るがごとくに、そこに主流派経済学の内容からは抜け落ちてしまっているものまでをも幅広く含めて、まさに色とりどりの多様な経済学説の大パノラマを見ることができるのであります。シュンペーターは前に触れた本の中で、いわば現代経済理論という一筋の光に照らしてさまざまな学説の貢献度を評価したわけですが、高橋先生のこのご本は、代うるにいくつもの光の中からどの光を選ぶかによって、また相異なる学説の系譜も浮かび上がってくる、そういった多面性を蔵している、と言うことができるわけであります。

この点をいっそう具体的にお分かりいただけますように、一、二の例をあげてお話ししてみたいと思いますが、たとえば価格に関する経済学説のところで、あるページでは先生は、

「凡そ各個の生産者は其の限界費用が価格と一致する點まで生産を行ふの傾向がある。」

と書かれておりまして、これはまさに今日標準的とみなされている企業行動の理論を述べたものであります。すなわち競争下にあっては、各個別企業は利潤の最大化を目指す以上、各自の限界費用曲線に生産物の価格が交わるところで生産量を決めるという、今日どの教科書にも説明されている理論に言及しておられるわけでして、この場合にはその限界費用曲線の右上がりの部分が

各企業の個別的な供給曲線となります。そしてそうした個別的な供給曲線を産業内の企業の数だけ足し合わせたものが、当該産業の社会的供給曲線にほかなりません。

ところがもう一方、同じ箇所のすぐ前のページには、先生はまたつぎのようにも書かれております。

「一産業の或る一定の生産高に對する一貨物の供給價格は、其の産業の斯くの如き生産高に對して限界的なる企業の生産高の單位に對する生産費である。斯くの如き供給價格を稱して普通……限界的生産費と云ふ。」

これはいま上に標準的な理論と申した考え方とは、まったく異なる考え方を述べられたものであります。つまりこんどの場合は、各企業はみずからの生産物の価格がその生産物一単位の生産に要する費用すなわち平均費用に正常利潤を加えた額を越えるかぎりその産業に参入して生産を行いますが、価格が平均費用プラス正常利潤を償わなければその産業に入ってこない。そういう企業行動が想定されておりまして、この場合は生産物価格がだんだん高くなっていくと、今までは採算がとれなかった企業も順次その産業に加わってまいりますから、もっとも効率のいい企業から次第に効率の悪い企業へと、それぞれの平均費用プラス正常利潤の高さを左から右に並べたものがその産業の供給曲線となるわけで、こうした考え方をとる場合は通常の意味での各企業の個別的供給曲線なるものは登場いたしません。ここで限界的生産費すなわち限界費用と呼ばれているものは、各個別企業の限界費用曲線の意味での、すなわち今日の標準的な教科書の意味での限界費用ではなく、その産業に参入しえているかぎりで一番効率の悪い企業の平均費用プラス正常利潤を意味しているのであります。

そのようにこれら二通りの限界費用の概念はそれぞれ異なる考え方にもとづいているわけですが、今日の標準的な教科書の中に見出されるのはほとんどの場合が前者の考え方にもとづく説明ばかりであります。後者のほうはマーシャルの『経済学原理』などにはまだ出てまいりますが、同じケンブリッジの経済学者でももう少し後代のピグウやロバートソンになりますと、明確に前者の標準的な説明が採用されるようになって、後者の考え方はもはや見られなくなってしまいます。

## 異説もまた無視しえず

つぎに今述べました限界費用の概念に関連のあるいわゆる収穫逓減の法則というものにつきまして、先生の述べておられるところを、もう一つの例示としてあげてみたいと思いますが、一つ

には先生はこの法則について、

「同一の労働者をして愈々多数の機械を操縦せしめ、同一耕圃に愈々多量の肥料を施すとしたならば、吾人は益々内包的利用の度を増加するものであつて、収益の増加は努力若しくは費用を償はざるに至るであらう。」

と述べておられます。これはまさに今日《こんにち》標準的な教科書に出てくる同一生産者の生産関数の性質に関する収穫逓減でありまして、たとえば同一面積の土地にますます多くの労働を追加していけば、増やされていく労働の限界生産力がだんだん下がってくるというような意味での収穫逓減の現象を意味しているわけであります。このような収穫逓減の法則は、古くはなかんずくチュルゴオによって提唱されたものでありまして、上の引用文の中にもありますように内包的、インテンシブな収穫逓減と言われるものがそれであります。あるいは今日の言葉では、集約的なと言ったほうが分りやすいかもしれません。

一方、先生はまた別の箇所では、

「地味豊饒なる土地を利用する者は瘠地を利用する者に比し、同一労資の投入に依つてより、大なる収益を獲得し得可きである。」

したがって

「土地収益遞減の法則は、……地味の愈々劣等なるに従ひ、益々明瞭に其の適用を見るのである。」

とも述べておられます。こちらのほうの収穫逓減は、よく知られているようにウェストやリカードウがいわゆる差額地代説なるものを唱えるにさいして根拠としたものでありまして、たとえば小麦への需要増加に応じてその生産が拡大されていく場合に、耕境が次第に地味劣等な土地に及んでいく。そのときより劣等な土地で生産する者ほど同量の労働や資本を用いても生産効率はだんだん落ちていく、ということを意味しているわけであります。前の意味での収穫逓減が内包的な収穫逓減と呼ばれているのに対して、こちらのほうは外延的、エックステンシブな収穫逓減と呼ばれるものでありまして、これは個別生産者の生産関数の性質を述べたものではありませんから、前者とは区別されることが必要であります。

先生は同じく収穫逓減の法則と言っても、これら「土地的生産が愈々集約的に經營されるに従ひ」生ずるものと、「地味の愈々劣等なるに従ひ」生ずるものの両者が、ともにあることを明確に示され、「吾人は農業に在つて、特に、土地に附随せる人爲と没交渉なる自然的生産條件によつて支配せらるゝ所が大であつて、同一効用の財貨を取得するが爲めに、自然的條件の相違するに従ひ、相ひ異れる勞働量を必要とするの事實が顯著である」がゆえに、後者の意味での収穫逓減もまた無視できない旨を指摘されているのであります。

経済学説の歴史の中には、こうしてインテンシブ、エックステンシブ両方の考え方が登場してまいります。ところが前にも申しましたように、現在標準的とみなされている経済学の体系の中では、それらが互角に含まれているわけではありませんで、インテンシブなアプローチのほうが圧倒的に優勢であり、エックステンシブなアプローチのほうは傍証的な役割を別にすると、基本的にはほとんどとり上げられなくなっているように思われます。しかし、そうしたアプローチが採られなくなったのは、それらが説明価値を失って役に立たなくなってきたからだ、だから自然淘汰されたのだ、とは必ずしも言い切れないふしがあるのではないでしょうか。現に今例としてあげました土地収穫逓減法則のエックステンシブ版でも地味の優劣という要因を位置の便、不便というような要因に置き換えたとすれば、マンションのような不動産物件の賃貸料を説明するにはエックステンシブな考え方を用いたほうが適切でありましょうし、また時間の都合上触れませんでしたが、消費需要の面でも、たとえば自動車、空調とか携帯電話だとかを考えれば、価格が安くなってきたので同じ個人が十も二十も買うというのではなくて、今まで買えなかった個人が買うようになって人数が増えてくると考えたほうがはるかに適切でありましょう。先生のご本には、そうしたエックステンシブ・アプローチの視点から光を当てると、その考え方を用いた一連の学説の系譜が浮かび上がってくるといったような効能が具わっているのです。

## 掘削を待つ鉱脈

ことほど左様に先生のご本には、主流派経済学の基本原理ばかりが述べられているのではなく、先生ご自身の蘊蓄にもとづくきわめて豊富な経済思想の諸相が多分野にわたって盛り込まれております。そこには、ただ一つのパラダイムに照らして経済の世界を見るという現代の傾向とはまた違って、眼鏡をかけ換えて見るとまた異なった姿が見えてくるという世界が広く開かれております。このことの重要性は、知識の分子化が進む今日《こんにち》であるがゆえにこそいっそう大きいのではないかとも思われます。そうした意味でこのご本にはまだ多くの宝が眠っているのであって、かつて丸山徹教授の述べた言葉を借りるならば「一層の掘削を待つ研究上の鉱脈」と申すこともできましょう。

話の合間合間に引き合いに出させていただいた引用文からもお分かりのように、高橋先生の綴られる文章は、その語り言葉と同じく先生の面目躍如たるものと申しますか、余人をもってしては代え難い独自のもので、大正生まれの私にとりましても難解なことがありますから、ここにお出での若い世代の方々にはいささかとっつき難い面があるかもしれません。しかし読書百遍意自《おの》ずから通ずという諺にあるとおり、敢えてチャレンジして読了された読者の方は大変貴重な経験をされたことになるのではないか、と私は信じてやみません。

今日《きょう》のこの話のための準備として、私もまた久しぶりに先生のこのご本を読み返させていただきましたが、やはり何カ所か新たに感銘を受けるところがありました。そのうち一つだけを最後に皆様にお伝えいたしまして話の結びとさせていただきたいと思うのですが、それは第二編消費経済学の第六章、奢侈という題名の章の中の一節です。そこにはつぎのような件《くだ》りが見出されます。

「生産者及び労働者所得の永続的の高は、……其の消費の大小に依存する。然るにあらゆる生産財消費の高は結局公私の經濟に於ける直接消費によつて決定せられなければならぬ。蓋し、生産財消費の目的は單に享楽財の産出に存するが故である。故に資本形成の増加は漸次これに伴つて直接消費を増加するに非ざれば、生産的企業の収利力を再び減殺するに至るべきである。」

これがその箇所で先生が記されている文言ですが、今これを分かり易く、生産財を資本財、享楽財を消費財と言い換えて、現代の経済用語に翻訳してみますと、つぎのようなことになります。

「いかなる場合も資本財をどれだけ稼働させるかというその規模は、結局のところそのことから生み出される消費財に対してどれだけの消費需要があるかによって決まってくる。というのは、資本財が用いられる目的はひとえに消費財をつくり出すことにほかならないからである。ゆえに資本財への投資がなされてその規模が大きくなれば、それに伴って消費財の産出量もまた増えることになり、したがってそれに応じて消費需要が増えていくのでないと企業の収益が落ちて、所得を維持することができなくなる。」

これはまさに投資がなされれば、その生産能力効果をつうじて消費財の産出量が増大する。だからそれを吸収するに足りるだけの消費需要の増加、したがってその消費需要増加を引き起こすに足りるだけの所得の増加がなければ経済は順調に機能していけない、ということであって、驚くべきことに、のちにハロッドやドーマーが説いた経済成長論の骨子を述べたものにほかなりません。先生はそうした発想をハロッド、ドーマーの論文が現われるよりはるか以前の文献から読みとっておられるわけでして、先生ならではの眼力の卓抜、非凡さを物語る事例として、これに勝るものはないのではないでしょうか。

本書、高橋先生の『經濟原論』は、そのような先生の炯眼によって精選された経済学説の宝庫である。そのことを最後にいま一度繰り返し申し上げまして、本日の話の締め括くりにさせていただきます。いろいろと回りくどい話を長時間ご清聴下さいまして、まことにありがとうございました。

# スミス以前の経済学

丸山　徹
（慶應義塾大学経済学部教授）

## はじめに――慈む学問

私どもはごく晩年の高橋先生の講義を拝聴することができた世代でございました。水曜日の一時からが学部の講義で、三、四年生の合併クラスでした。それから、木曜日の一時からが大学院のクラスで、はじめのうちは三人ぐらいの聴講者がいるのですが、一人欠け、二人欠け、最後は一人になってしまうということもございました。大学院の講義は三年一周期で、一年目が「古代ギリシャ・ローマの経済思想」、そして二年目が「中世キリスト教経済思想史」、それが終わって三年目が「近世、とくに重商主義の経済学説」と進みまして、これでアダム・スミスがやっと出てくるのですが、スミスが登場したところでおしまいになるという講義でした。その次の年はまたギリシャへ戻るという、三年ワンサイクルの講義をずっと聴いておりました。水曜日の学部の講義のほうはダイジェスト版でございまして、大学院では三年でやる話しを、要点をかい摘まんで一年間でお話しになる。毎年そのようなスタイルの講義でした。

講義の題名は「経済学前史」といいまして、これは大学院も学部も同じでした。通常、一つの体系を具えた学問としての経済学は、アダム・スミスの『国富論』を以て成立したといわれております。『国富論』が出ましたのが一七七六年、ここで経済学が一つの独立した学問として確立された。「経済学前史」というのは、それ以前の経済学の歴史という意味でございます。

三年ワンサイクルの大学院の講義内容を古代ギリシャ・ローマ、中世、近世重商主義と分けてみたときに、そのなかのどのあたりが一番お得意であったかと申しますと、やはり近世の重商主義ではないでしょうか。いちばん新しいところですからわかりやすい。——新しいといっても十六、十七、十八世紀ですが……。わかりやすいから愛着をもたれたのは当然かもしれませんが、それだけではないのです。

十五世紀頃になりますと、印刷技術が発達して、高橋先生が学問の材料になさる思想や学説を盛った出版物が本の形で広く流布するようになった。中世や古代はそういうわけにまいりません。だが比較的新しい十六世紀以降のものにつきましては、原典をお求めになり、それを手元に置いて研究することができるようになった。そこに先生の深い愛着の秘密があるように思われます。もちろん十六世紀の本であれ、もっと新しい復刻版でよければ今日でもいくらでも手に入れることができます。著名な本は何度も印刷されて、むしろ新しい版本で読んだほうが読みやすいかもしれません。でも高橋先生はそれでは満足なさいません。出版された当時の本でお読みになりたいわけです。それは本の内容はもちろんのこととして、本の装丁、印刷された紙や活字の風合い、それから見返し、扉、花布《はなぎれ》にいたるまで、本の拵え全体を時代を映すひとつの作品として愛好されたからでしょう。図書館にいけばたいていの古版本を見ることができますが、そうではなくて自分のものとしてお手元に置いて読みたいのですね。そして、見たいときにはいつでも手に取ってページを開く。先生の学問は、そういう日常の勉強ぶりのなかから生まれた学問だということを、ちょっと頭に入れておくのがよいと思うのです。

私どもが何か研究をするときは、格闘するような意気込みで本を読み、そしてそこから何か新しいことを捻り出したいという気持ち、功名心がつい頭をもたげます。先生の場合にはそうではなかった。先生の本に向かわれる姿勢は、何か新しい、うまいことをいってやろうという功名心とは全く無縁でした。むしろ書物を身ぢかに置いて、それを掌に包んで慈むようにお読みになりました。慈めば、その本のことがもっと知りたくなる、すると一層愛着が深まる、床しいと思う。国文学者に聞きましたら、「床し」という言葉の意味は、「知りたい」ということだそうです。いいなあと思う、床しいと思う、もっと知りたいと思う、その本に対する愛着がもっと深まる。そういう本との接し方のなかから高橋先生の学問は生まれてきたのでした。

「慈む学問」ということをただいま申しましたが、慈む対象はとくに重商主義期の経済学でございましたので、今日はとくに先生の重商主義研究について申し上げたいと思います。

## 重商主義とは何か

古本屋のようにたくさん本を持ってまいりましたが［本を供覧しながら］、これが昭和四年の『經濟學前史』という本でございまして、古代ギリシャからアダム・スミス直前のところまでカヴァーした、つまり経済学前史の全貌を描きました高橋先生の力作です。大体この本に書かれていることが先生の講義の対象であったと申してよろしいと存じます。それから、これが昭和七年に出ました『重商主義經濟學說研究』でございます。近世重商主義期の学説についての研究書で、先生の代表作を一点だけ挙げるとすれば、やはりこれでございましょう。この本には昭和十七年に出ました改訂版がございますが、改訂版は戦局も厳しくなり、物資も欠乏してきた時代に出版されたもので、しかも時節柄、社会思想を扱った部分がゴッソリ削られております。やはり本としましては、この昭和七年の初版本のほうを採るべきでしょう。ついでにもう一点お見せします。これはただいまの『重商主義經濟學說研究』を補う『古版西洋經濟書解題』という論文集で、昭和十八年に上梓されました。この三つが経済学前史についての先生の重要なお仕事と申してよろしいかと存じます。

さてそこで、そもそも「重商主義とは何か」という問題を、はじめにお話ししておく必要があるでしょう。「重商主義」につきましては、実は学者によっていろいろな定義がございます。先生は、重商主義についてふたいろの定義を与えました。ひとつは、「広義の重商主義」、もうひとつは、「狭義の重商主義」です。「狭義の重商主義」についてはときどき「本然の重商主義」という言葉もお使いになりました。「本然の」、つまり本来の意味での重商主義ということだと思います。

さてまず、「広義の重商主義」とは何か。これは中世の社会システムが崩れ、そのなかから近代市民社会が生まれ、やがて一七七六年の『国富論』が現われる、その間の二百数十年ないし三百年という長い間のさまざまな経済学説・経済思想、その総体を広義の重商主義と呼ぶ——これが先生の重商主義という概念の第一の定義でございます。先生ご自身の表現を引用しますと、次のとおりであります。

「中世的政治經濟組織の崩壞、加特力《カトリック》教經濟理論の衰退より、佛國のフィジォクラァト學派

(Physiocrates) 及び蘇國のアダム・スミス (Adam Smith) 等によりて代表せらるゝ個人的自由主義の經濟學が大體に於いて勝利を占むるに至る迄の、初期資本主義の時代、集權的民族國家發達の時代に於ける歐洲諸国の經濟思想竝びに經濟政策を指稱せんとす。」

しかし、かくも長い間に現われた多様な思想の全部を重商主義という言葉でくくってしまいますと、これは何かを定義しているようでいて、実は何も定義していないに等しい。定義が空疎なものになってしまいます。そこでもう少し限定的な定義が必要であろうと先生は考えられまして、第二の定義が出てまいります。この時期、つまり十五世紀の末ぐらいから十八世紀にかけての期間には、中産的な商人階級と申しましょうか、やがてはブルジョアジーと呼んでもいい新しい階級が成長してまいりまして、政治面にも文化面にも、彼らが活躍する時代となりました。こういう新しい階級に属する主体が、階級としての、あるいは個々の営業上の利益に動機づけられて主張した経済思想の総体を狭義の、ないしは本然の重商主義と呼ぶ——これが高橋先生による第二の重商主義の定義です。先生ご自身の言葉では次のとおり。

「吾人は斯くの如きブールヂュワ的利害、殊に當時に於ける代表的ブールヂュワたる商人階級的利害、竝びに特殊商人の關與せる業務上の利害の見地より主張せられたる理論を稱して…

（中略）…狭義に於けるマーカンチリズムと呼ぶ。」

そのほかにも、学者によりましてはいろいろな定義がございます。たとえば、比較のために申し上げますと、もう亡くなりました、ライオネル・ロビンズ――これはロンドン・スクールの大家でありますが――この人は諸家の重商主義の定義を検討したのち、結局スミスに帰っている。つまり貿易収支（輸出から輸入を引いた差額）の十分な黒字を確保するために、組織的に国家によって行なわれた政策の体系を重商主義と呼ぶのです。この定義によれば、重商主義はまず政策の体系として把握されています。しかもその政策は、貿易黒字の確保を目標とし、さらに国家によって組織的に遂行されるものでなければなりません。この政策体系を重商主義と呼ぶ――これがロビンズの定義です。それから、わが国の重商主義研究の大家小林昇さんもややロビンズ的でありまして、「初期のブルジョア国家がその権力を用いて組織的に行なった原始的蓄積（本源的蓄積）のための政策体系」として重商主義を定義しています。これらを高橋先生の定義と比べてみますと、違いがだいぶはっきりするでしょう。高橋先生の定義による「本然の重商主義」は、ロビンズ＝小林のように国の政策体系としてではなく、ブルジョワジーを担い手とし、一面では彼らの階級の利益、一面では個々の営業上の利益という動機づけによって生み出された経済思想・学説の総体のことを指す概念なのでございます。

このように学説を担う主体と動機づけについてはかなり厳しい限定に服しながらも、そこで論ぜられる主題の範囲は、ひとり良好な貿易収支の実現策に限らず、むしろもっと広がってくることに注意しなければなりません。こういう主体と動機づけによって展開された学説のなかには、貿易の問題もある、物価の問題もある、物価の問題は貨幣の購買力の問題ですから、貨幣の理論もはいってきます。そうしますと、価値はどう決まるのかという一般的価値・価格論の問題や、その他諸々、利子の問題も含まれる。高橋先生の立場からは、商人的利害にかかわる実に多様な経済問題が重商主義の問題関心のなかに包摂されることになるわけです。

## 重商主義の時代（一）——社会の変化

これに対して、「広義の重商主義」は、約二百五十年ないし三百年にわたる時代の経済思想の総体を指す概念でございました。重商主義が現われてくるこの歴史的世界を高橋先生はどう見ておられたのか、次にこの点について申したいと思います。

西欧の中世は政治的には、ローカルな権力が乱立群居した状態でありました。つまりそれほど広い領土を持っているわけではない領主＝封建貴族階級のごく局所的な権力組織が網の目のように、モザイクのようにヨーロッパを覆っているという状況でありました。また他方でおきまして、カトリック教会が局所的な境界を超えて世界的な広がりをもつ宗教政治の体系を確立しておりました。一方における封建領主の局所的権力と、他方におけるカトリック教会の世界的権力が対峙していた。その間に挟まれて、国王とか君主とかいう立場は比較的大きな領主ぐらいのもので、絶対的な権力を有するものではなかったのです。

　ところがルネサンスを迎える頃から、権力のバランスに大きな変化が生じてきた。一方におきまして、中世的権威を形づくる一翼であった領主階級が、次第に衰弱してきたことに注意しなければなりません。相互に傷つけあう内乱が頻発し、十字軍の遠征が度重なって、経済的にも政治的にも領主階級の衰弱・凋落は顕著でありました。また他方、十三世紀の聖トマスの時代に頂点に達したカトリック教会の勢力にも、十五世紀頃になると、暗い影がさしてまいりました。教会内部の堕落、そして分離・分裂という事態が繰り返されまして、教会は新しい社会状況に対応した権威も指導力も持ちえなくなってきた。

　こうした状況のなかで、君主が封建貴族や僧侶に対抗して勢力の伸長を希求するようになったのも当然のなりゆきでした。それを応援するように、君主の権力の正当性を基礎づける政治思想が現われたことも見逃せません。つまりまずローマ法の研究の復活によって、人民の主権が君主の独裁政治をつうじて発現するという政体が示唆されました。さらに新約聖書の読誦と原始キリスト教の再発見をつうじて王権神授説が基礎づけられ、またジョン・ウィクリフの主張のように、王は神によって人民の統治を委ねられたもので、宗教上のあらゆる権威はひとり国王を通じてのみ授与されるべきものであるという、国王の聖俗両界における絶対的な権力を基礎づける考え方が、この時代に明確な姿をもって立ち現われました。そしてこの基礎に立脚して理論武装し、絶対的な権力を志向する国王がフランスにもイギリスにも出てくるわけです。

同時に、産業・通商の進歩に伴って台頭した中産的な商工業者たちの動きからも目が離せません。彼らは中世的な経済組織のなかで多くの規制に縛られ、しかも経済の単位が小さいのでまことに商売がやりにくかった。小さな単位から出ると度量衡も変わる、貨幣も変わる、商法や慣行も変わるというわけで、これでは不便きわまりない。商売の拡大を望む人々が規制を撤廃し、もっと大きな経済的単位が必要と感じたのはもっともです。彼らはすくなくとも当初は政治的な権力を欲しませんでした。政治的な自由・権力ではなく、むしろ統一された大きな経済単位が形成され、そこを営利を求めて自由に飛び回れる翼が欲せられたのでございます。それを君主が保証してくれるのであれば、強力な政治的権力に従属することには抵抗がなかったのでした。そこに新興中産階級の人々が、君主に絶大な期待をいだくひとつの事情が生まれてきたわけです。

逆に君主の側から見れば、統治領域の拡大によりまして、その財政規模が著しく膨張し、とりわけ軍事費の調達は容易ならぬ規模に達しつつありました。その調達のために、王は商業の発展による租税の増収を図り、外国貿易による貴金属の不断の増加を実現する必要に迫られた。こうしてブルジョアジーと君主との間には、もちつもたれつの依存関係が生まれ、その連携を促す事情が存在したのです。この関係こそが、重商主義の経済思想を生み出す苗床になっていたのでした。

## 重商主義の時代（二）——精神界の変化

さてこの三百年間の変化は、政治・経済の場面だけではなく、人間の精神界にも起こっておりました。

ひとつには、ルネサンスを経由して中世的・神学的な倫理基準によって人間の行動が縛られる時代から脱却しつつあったことが重要であります。人間の意志、行動を正当化する観念にも大きな変貌が見られます。イタリア・ルネサンス期にひときわ光彩を放つニコロ・マキャヴェッリという人がおります。フィレンツェの官僚で、『君主論』、『フィレンツェ史』をはじめ、多くの著作が残されています。主著『君主論』に対しては、昔から「目的のためには手段を選ばず」という狡猾な暗いイメージが定着してしまったのですが、これは必ずしも正しい理解ではない、違う読み方もできると思うのです。つまり、マキャヴェッリにとっては、強いイタリア、フィレンツェの独立と安全こそが至高の目的であり、最高の善でありました。これは教会によって与えられた倫理基準ではありません。人間が選び取った目的です。そしてその至高善に到るいろいろな方法がありうるでしょうが、それも人間が選び取るのです。そしてその至高善を実現するための最も合理的な手段、ルートを賢明にかつ逞しく選択し実践する君主のあり方を描いたのが、この『君主論』でございます。至高善に達するためには、君主は獅子のように強く、狐のように狡猾でなければならない、とマキャヴェッリはいったのですが、これが読者に良い印象を与えなかったのです。しかし目標とその目標に至る手段をつかみとる選択、人間の自由な意志が明確に肯定され、中世の神学的要素から全く解放された人間の意志の朗らかな讃歌としても『君主論』を読むことができるのであります。新たに興隆した中産的商人たちは、営利的事業に羽ばたく自らの翼を自覚し、自己の利益という目的に達する手段をつかみとるために、自らの意志と力とに信頼してそれを行なわんとする意識が、ルネサンスを経由して準備されていたのであります。そしてそのための知識・教養面での用意にも大きな進歩のあったことは、たとえば十七世紀初頭の重商主義者トマス・マンが商人として外国貿易に携るために必要なものとして列挙した素養のリストを見れば納得のいくことでしょう。算術や会計、国内および国際間の金融、保険、商法を中心とする万国法、国際情勢、船舶および航海についての知識、語学等々、きわめて要求水準が高い。それだけにプライドも高いのです。

それからまたこの時代は、宗教改革を経由しつつある時代でもございました。経済的利益という、いわば世俗的な目標に向かって努力する態度を是認し、これを奨励する観念として、ことにカルヴァン派の考え方が一定の影響をもったと思われます。カルヴァン自身の教義に従いますと、人間の宗教的救済はあらかじめ神によって予定されているもので、この世の中で世俗的な努力や善行を積むことによって、その予定が変更されるものではないと考えられています。これを予定説と申します。もしそれが本当だとしますと、救いの問題は人の力が全く及ばない、実に絶望的なものになってしまいます。普通の人間はこの深い絶望に耐えられませんから、なんとかして自らの救いを確証したいと願う。そこで新しい教義が出てくるのです。ご承知のとおり、「カルヴィニズム」、つまりカルヴァン派の教義では、「世俗的禁欲」による救いの自己確証が唱えられました。自分がそこに生まれ取り巻かれている環境のなかで、世俗的職業《ベルーフ》に禁欲的に邁進することによって、救いの確証を得ようとするところにカルヴィニズムの教義の顕著な特徴が見られるのです。こうしてカルヴィニズムの影響の強い地域では、カトリック的な彼岸的志向ではなく、救いの自己確認のために世俗的職業を肯定的に考える傾向が一般的となるわけです。現世の職業に対して強い価値観を感ずるようになってくる。こうして新興階級の人生の目的が、営業的利益という世俗のものであっても、それをすすんで是認する宗教的倫理観の変貌が見られたのでございます。世俗の職業に禁欲的に邁進する姿勢が、資本主義の発展を内面的に支えたという研究が、マックス・ウェーバーの大論文「プロテスタンティズムの倫理と資本主義の精神」の内容です。

中世的宗教観から解放された目的の選択、それを達するための手段の、これまた人間の自由な意志による選択——人間の行動をつき動かす心の姿勢に、これだけの変化と用意の整った時代に、経済学の新しい流れも源を発していたのでありました。

## アリストテレースへの反抗

重商主義の舞台となった約三百年間の社会と精神の変貌について申し上げました。これに加えて、高橋先生はもうひとつ重大な観察を示していらっしゃいます。つまりこの三百年は、「アリストテレースに対する反抗の時代」であったという指摘でございます。これはどういう意味か。

アリストテレースは一貫して「自然」ということを重視しました。アリストテレースの「自然」概念につきましては、本年（平成二十一年）の一月に「古代ギリシャの経済思想と高橋誠一郎」と題して行なった講演のなかで、質料と形相の関係を基礎にやや詳しく述べましたから、ここでは深入り致しません。自然に即したものは尊い、自然に反したものは嫌悪すべきものでありました。アリストテレースの考え方に従いますと、一番尊いのは哲学と哲学者で、商人や貨幣ほど不自然なものはないのです。自然に適いませんからこれは嫌悪すべきものです。したがってアリストテレースの哲学が影響をもっている限りにおきまして、商人は人の尊敬を受けることができない。中世をつうじて、学問の分野でものを書き、ものを論ずるのは主として僧侶兼哲学者でございました。

ところが、ルネサンス、宗教改革を経由したこの時代になりますと、新興階級が俗世の仕事に精励することに誇りをもつようになった。人々はそれに対して敬意をいだくようにもなった。そうなると政治にも経済にも、また文化・学問にも哲学者兼僧侶以外の、一般の商工業を営む人々が積極的に参加する時代がやってきたわけです。社会や学問の担い手、貴賤の観念が、アリストテレースの見方とはガラリと変わってしまった。経済学も事情は同じでございまして、聖トマスの時代、それから十四、五世紀のはじめぐらいまで、経済学の担い手は全部僧侶――スコラ哲学の僧侶でありました。ところが十六世紀にはいりますと、僧侶ではない、たとえば商人たちのなかから、世の中の尊敬を集め、経済問題にも専門的に発言する者が現われるわけです。その意味でこの時期の近世経済学というのは、アリストテレースに対する反抗の時代に生まれたというのは確かに正しい指摘だと思います。

しかし「反抗」のもうひとつの意味を申し添えておきたいのです。つまりこの時代に学問を支える人、主体が変わったということだけではなくて、学問のあり方そのものに大きな転換が生じたことに注意したいのです。この点については高橋先生はあまり強調しておられないのですが、むしろこのほうがより重要なのではないかと思います。

アリストテレースに『分析論』という本がございまして、これは『分析論前書』と『後書』の二部に分れます。次にお示しするのは、その『後書』に出てくるふたつの推論のパターンです。これを比べてみましょう。

まず第一は「根拠による論証」と呼ばれる推論形式で、たとえばこうです。「近くにあるものは瞬かない、惑星は近くにある、ゆえに惑星は瞬かない」。第二は「事実による論証」と呼ばれる推論で、第一のパターンとは微妙に違います。たとえば「瞬かないものは近くにある、惑星は瞬かない、ゆえに惑星は近くにある」。

アリストテレースが主として取り組みました論理形式はこの第一のほうです。「根拠による論証」、これに専らアリストテレースは力を尽くしました。ところが二番目の「事実による論証」の方は、極めてお座なりでありました。実はこれが重要な学問上の相違を含んでいるのではないかと私は思います。

まず第一の推論を見ますと、結論の「惑星は瞬かない」――これは殆ど疑うべからざることです。第一の推論は、確実にわかっている、誰れでも知っている事実を、なぜそうなっているのか「うしろ向き」に整理する推論といえるでしょう。最後の結論のところは誰れでもわかっていることですが、危いのは真中です――「惑星は近くにある」。これをいかに知りうるか。これは天文学や数学が発達しないとわからないことです。一般に、「AならばBである」という推論が間違っている、つまり「偽」であるのは、前提であるAが正しくて、結論のBが誤っているとき、かつその場合に限ります。第一の「根拠による論証」を見ますと、「惑星は瞬かない」という結論部分は誰れが見ても確かなものですから、前提のところに何が出てこようとこの推論は正しい「真」なのです。真中の「惑星が近くにある」というのは、実は確かめるのが難しいのですが、そう考えることによって「惑星は瞬かない」という確かな事実を、考え方として整理しているのです。先ほど第一の推論は、わかりきっていることを「うしろ向きに」整理する性格をもつと申しましたのは、そういう意味でございます。

ところが二番目の推論は違います、「惑星は近くにある」という命題が結論にきています。これは正しいかどうかわかりません。正しいかどうかを調べるためには、天文学と、それを支える数学が発達しなければなりません。ところが前提のほうは「瞬かないものは近くにある」と、これは誰れも納得するでしょう。「惑星は瞬かない」、これもほぼ確かな事実でしょう。確かな事実から、よくわからない、確かでない事実を推論しているのです。これはわかっていることから、わからないことを推論しているという意味で、「前向きの」推論と呼んでよいでしょう。第一の推論とは逆です。だからこの推論の真偽を判定するためには、天文学と数学の発達を俟って最後の「惑星が近くにある」ということを確かめなくてはならない。そういう経験的なチェックによってはじめて、この命題の真偽の判定が可能になるわけです。

この後者、「事実による論証」こそが、近代の科学を支える推論形式であることはいうまでもありません。ところがアリストテレスは前者、つまり「根拠による論証」に殆どすべてのエネルギーを費しました。「事実による論証」という推論形式が、積極的に論じられるようになるのは、十七世紀以降のことでございます。ベーコンの『新しい学問』という本を読みますと、確かにお題目として前向きの推論の重要性が書いてありますが、率直に申しまして、具体的な内容がない本ですね。むしろこの時期において最も具体的に、内容のあることを書きましたのは、亡くなった大出晁さんもいわれるとおり、パスカルだと思います。パスカルの強い影響の下に「事実による論証」の推論形式が十七世紀以降の科学にしっかりとした基礎を与えたのです。

実はこういう学問の考え方、形式といいましょうか、それが十七世紀にはっきりとした姿を具えてくるのでございます。「重商主義」の論客たちもこの時代に生きておりました。確かに学問を支える主体が属する階層に生じた変化も大切ですが、それと同じぐらいに、あるいはそれ以上に重要なのは、学問を支える推論の形式、学問の命題を書く形式が全く逆転したことで、ここにこそ、この時代の科学史における転換の鍵がひそんでいると思われるのであります。

## チューダー朝からスチュアート朝へ、そして革命

さて、それではこの「本然の重商主義」の時代の政治がいかなるものであったか、今日の話しの舞台になるイギリスについてざっと駆け足で展望してみます。

一五五八年にエリザベス一世が即位致しまして、そこでイギリスは大きな発展をみせます。女王の父ヘンリー八世と王妃との不和による離婚をカトリック教会が認めませんでしたので、王はカトリック教会を離脱し、イギリス国教会ができたのですが、エリザベス一世の時期にこの宗教問題も一応解決を致しまして、絶対権を持った君主が成立したのです。東インド会社が設立されたのは一六〇〇年でした。

エリザベス一世の崩御により、一六〇三年から王朝がスチュアート朝に交替し、ジェームズ一世、そしてチャールズ一世が王位に就きます。この王たちは「王権神授説」に基づく絶対権力を志向しまして、議会をしばしば無視したために、王を支える王党あるいは騎士党と、それに反対する議会派の円頂党と呼ばれるふたつの党派が対立する事態に立ち到りました。最終的に議会派つまり円頂党が勝利を収めて革命が成就する。それが「清教徒革命」で、一六四九年のことです。チャールズ一世は処刑されます。

この革命を指導しましたのがオリバー・クロムウェル。以後十一年間にわたり、クロムウェルによる共和制が敷かれることになるのです。しかしクロムウェル歿後は、復古思想が勢いを得まして、一六六〇年、共和制は廃され王政復古となりました。また王政復古の下で王位に就いたチャールズ二世、ジェームズ二世はいずれも著しく復古的・反動的な施政を志向したのでありました。その間オランダとの戦争も勃発します。

宗教的にも不満・対立が醸成されました。国民には国教を半ば強制しながら、チャールズ二世もジェームズ二世も実はカトリックだったのです。官吏はすべて国教徒でなければならないと命じながら、自らはカトリックであったことが不満をもたらしました。再び革命が起きんとします。ところでジェームズ二世の姫君メアリーがオランダ総督のオラニエ公ウィレム（オレンジ公ウィリアム）と結婚しておりました。この重大な政治的局面でこのふたりを利用しようとする者がトーリー、ホイッグの双方から現われた。考えてみれば随分と融通自在な話しですが、このメアリーと夫君をイギリスの国王として招請しようというわけです。一六八九年、それが実現して、ふたりはウィリアム三世、メアリー二世として即位し、共同統治が始まります。これがいわゆる「名誉革命」であります。革命にともなって、亡命中であったジョン・ロックもメアリーと同じ船で帰国しまして、またイギリスで活動を開始する。

大雑把に申しますと、これが私がここで物語ろうとする初期重商主義時代のイギリス政治の動きでありました。

とくにここで注目したいのは、一六二〇年前後のところです。と申しますのは「本然の重商主義」と称すべき学説が、積極的に主張されるようになりますのは、大体一六二〇年からあとのことだからです。もちろんその前にも、先駆をなす幾点かの重要な作品が上梓されておりまして、高橋先生はこれらにも十分注意を注いでいます。たとえば一五八一年『種々なる人々の有する目下の不平の簡略なる検討』という有名な本があります。著者は「W・S・ジェントルマン」とのみ記されておりまして、これが誰れのことか、いくつかの説があります。ウィリアム・シェークスピアだという人さえおりますが、これはいかがでしょうか。ともあれ、「近世の経済思想史の第一ページを飾るべき」本と称されているもので、高橋先生のご蔵書のなかでもとくに貴重な一点でございます。

それから数年たちました一五八八年、フィレンツェの商人ベルナルド・ダヴァンツァーティの『貨幣論講義』が出ます。この人は大変な教養人で、深刻な流動性危機に悩むフィレンツェの学士院で貨幣問題をめぐる一場の講演を試みたのでした。この折の講演録を私たちは読むことができます。英訳も出ておりますが、十七世紀の非常に古いものです。

「W・S・ジェントルマン」と、ダヴァンツァーティの本につきましては、今日は詳しく申し上げる時間がございませんので、ごくごく早い時期における本然の重商主義者の意見を先取りして述べた書物として、名前だけをご紹介しておくにとどめまして、十七世紀の経済論壇に耳を傾けてみたいと思います。

## 地金主義対貿易平衡論

アダム・スミスをはじめ、のちの学者のなかには、富と貨幣とを混同、同一視し、一国の富が専ら金・銀の貴金属から成るものと考える傾向を重商主義の基本的特徴と考える者もおりますが、これはもちろん甚しい俗説と申すほかありません。とはいえ、貨幣経済は著しく発達したものの、信用制度が未だ十分な発達を見るにいたらなかった時代に、商人たちの注視が貨幣と地金の潤沢なる供給・確保に注がれたのも自然のなりゆきと申せましょう。国王の側からも財政上、とくに軍事支出の調達上、貴金属の確保は重要な関心事でありましたから、ここで国王と商人との関心の向かう方向が足並みを揃えたのでございます。とくに金・銀を国土、植民地の中に産出しえないイギリスでは、専ら外国との貿易の差額、つまり貿易収支の黒字化をつうじて、貴金属を獲得しようとする思想が台頭したのは納得のゆくことです。

貿易による金・銀の流入・蓄積を図るためには、概ねふたつの相異なる立場がございました。第一の立場は、貴金属の移動を直接的に制御しようとするもので、強権によって貴金属の輸出を禁じ、逆に輸入を促進誘導し、これを以て貴金属の蓄積を図ろうとするものであります。外国の商人は我国から輸出される財に対して正貨を以て支払わねばならず、逆に我国が外国から輸入した財の見返りとして外国人が受理した貨幣は、必ず我国の財の購入に使用しなければならないとする規制を考え出すメンタリティーは、実にこの第一の立場に基づくものでございました。これを地金主義《ブリオニズム》の立場と呼びます。

第二の立場は、個々の取引に煩雑なる規制を加えて、個別の取引ごとに貴金属の流出入をコントロールするのでなく、むしろ貿易の総体としての収支を黒字化することによって、間接的に貴金属の流入を確保しようとするものでありました。これを貿易平衡論の立場と称するのです。

第一の、つまり地金主義の主張は、国家的な心配に基づくものではありますが、商人階級の利害から発せられたものではないので、本然の意味での重商主義の立場に属するものとはいいえないでしょう。他方、第二の立場、つまり貿易平衡論の方は、利益の源泉となる輸入品と引き換えに貴金属を輸出することを業務上必要とする商人階級の、切実なる利害より発せられた議論であります。輸入に伴って一時的に貴金属が流出しても、やがてたとえば輸入商品の有利なる再輸出によって、結果として一層多くの貴金属の流入を導くことができれば、商人の利害のうえからも、また国にとってもそれは良策にちがいないわけです。トータルとしての貿易差額の黒字化を図ろうとするこの立場こそ、本然の重商主義者の基本的主張と申すべきなのです。

十六世紀の経済文献は、国家的な立場から地金主義の主張をなすものが多かったのですが、十七世紀との交わり以降、本然の重商主義的立場からの文献がその数を増してまいります。またこの頃までには、地金主義的な貿易に対する規制は、貨幣・地金の輸出禁止を除けば、殆ど姿を消しておりました。たとえば個別的取引規制の手段としてかつては有効であったステープル制度は既に形をとどめず、またイギリスの財を購入した外国商人の支払いは正貨を以て行なうべきことを義務づけた使用条例は完全に骨抜きとなっていました。さらに王立両替人による為替取引の規制・監督も、取引活動を阻害するものとして廃止されたのでした。貨幣・地金の輸出禁止さえも随分と規制が緩んでおりまして、マーチャント・アドヴェンチャラーズ会社をはじめとする特権的会社には、一定限度内の正貨の国外持出しが許されておりましたし、さらに一六〇〇年、東インド会社には各航海ごとに、一定限度の地金の輸出さえ認められるにいたったのです。

実際、北ヨーロッパと東インドとでは銀ではかった物価に大きな開きがあって、これを利用して利益を獲得しようと、大量の銀がイギリスから流出する事態が生じておりました。つまり東方では銀ではかった物価が低かったために、銀を用いて物品を安く購入し、それをヨーロッパの市場で高く売る商いが有利であったからであります。しかもまた近隣諸国とイギリスとの間には金・銀比価に歪みがあって、それもまた銀の流出を促進しました。一六〇一年から一六二四年にかけてのイギリスからの輸出額の約七〇％は商品ではなく貨幣・貴金属であったといいます。そのために当時、貴金属流出の最大なる原因は東インド貿易にあるとみなされ、東インド会社はその元凶としてヤリ玉にあげられていたのです。

「希望峰の南端を廻りて、東印度に到るの航路にして發見せられざりしならんには、我が歐羅巴の基督教國は藥材、香料、生絲、藍、キヤラコ等の不必要品を購入するが爲めに、英吉利、葡萄牙及び低陸聯邦より年々彼の地［東印度］に派遣せらるゝ幾多の船隊に由りて、其の地の地金銀及び鑄貨を枯渇せしむるの憂なきを得たりしならん」という意見は、当時広い範囲の人々に支持を受けた俗論でありました。そして「東印度貿易發生以後に至り、陛下の造幣局が甚しく閑散と爲れるの一事は、洽《ひろ》く認められたる所なるを以つて、之れが唯一の救濟策として該貿易を抑壓し、以つて他の害惡と共に其の弊を除かんとする」攻撃が東インド会社にたたきつけられていたのであります。国の貨幣・貴金属を枯渇せしめる元凶として、マーチャント・アドヴェンチャラーズ会社や東インド会社に対する非難排撃が激しくなり、一方それに応酬する商人側からの反論、弁護論も数多く現われてくるのが、この時代の論壇の姿でございました。

とくに重要なのは一六二〇年代の初頭です。この時期、イギリス経済は「商業危機《コマーシャル・クライシス》」と呼ばれる不況に大いに苦しみました。輸出、とくに主力商品の毛織物の輸出が深い不調に陥ったのです。そして貿易赤字の発生により、正貨、銀の流出が顕著となり、論客たちの間の論争がひときわ激烈となってきたのでした。その論客中のひとりがトマス・マン、その論敵がジェラール・

ド・マリーンという人物でございました。

この商業危機の原因については、学者によって今日でも説がわかれています。失敗に帰したいわゆるコケイン・プロジェクトの余波であるという説、一六一八年に始まる三十年戦争による市場・交易路の攪乱をあげる説、金融システムの欠陥と人為的な為替操作を重視する説などいろいろであります。経済史家J・D・グールドはこれらの研究を一々吟味致しまして、別の原因を重視しています。戦争初期にドイツおよびポーランドの一部では、急激な貨幣の改鋳がなされ、そのためにこれらの諸国の為替相場が急落致しました。これがイギリスからこの地域への輸出品価格を高騰せしめ、イギリスの貿易収支の悪化を招いた。これが危機の最も直接的な原因であるという説がこれであります。グールドの所説は丹念に実証的根拠を掲げて、なかなか説得力があります。貿易収支の逆調から、銀の流出はますます見すごすことのできぬ勢いとなったのです。

## マリーン対マン

地金主義の立場を標榜する代表的な論客がジェラール・ド・マリーンでした。この人は一六〇一年に『英国国家の癰』という本を出しまして、その中で、貴金属がイギリスから流出する原因は、イギリスの貨幣の為替相場が低すぎるからだと主張しました。イギリスの為替相場が為替業者、金融業者によって人為的に、低め低めに誘導されている——これが流失の原因だと考えたのです。現代の経済理論につうじている人は為替相場が安くなれば、輸出にドライブがかかって、むしろ貿易収支が順調になるのではないかと考えるかもしれませんね。しかしマリーンは、輸出、輸入の数量が為替相場によって影響される度合いは小さい、つまり輸出入の為替相場に関する弾力性が小さいと考えておりました。イギリス通貨の為替相場が安く評価されるということは、外国商品を高く買って自国商品を安く売るということになるわけですが、イギリス製品が安くなってもあまり輸出の数量は増えないので、結局これが貿易収支の赤字の原因だ——こうマリーンは断定するわけです。

ではどうするか。一回、一回の個別的な取引を規制して金・銀の流入を促進し、流出を防ぐ政策を行なうべきである。東インド会社は遠方まで金・銀を運んでいって、そこで役にも立たないものをドッサリ買ってくる。見返りに金・銀がどんどん流出していく。だから東インド会社はけしからんというのがマリーンの言い分で、典型的な地金主義の立場からの意見でございました。

それに対して「いや、違う」といったのはトマス・マンでした。マンは一五七一年に生まれ一六四一年に歿しましたが、長く東インド会社の重役をつとめた人で、この会社に向けられた当時の厳しい世論から同社を弁護するために、強力な論陣を張ったのでありました。マリーンは為替が低いから貿易収支が赤字になると診断を下しました。一方マンは逆に、貿易収支が赤字である結果として為替相場が安くならざるを得ないのだと主張した——これはわれわれの考え方にずっと近くなっているわけでございます。

マンは東インド会社の重役で、輸入品に加工を施し、それを再輸出して儲けるというのが彼の商売ですから、輸入ができないのは困るのです。輸入をしたって構わないではないか。一回、一回の貿易差額が問題ではなく、一国全体としてトータルで見たときの貿易収支が問題で、その黒字を十分に確保すべく運営を図ることによって、貴金属を国内につなぎとめることができるのだというのがマンの基本的な考え方です。つまり、典型的な貿易平衡論の立場が明確にうち出されているのです。マンは一六二一年に『東印度貿易論』という本を書き、それから、歿後の一六六四年に『外国貿易による英国の財宝』が出ました。こういう本を書いて東インド会社を守ろうとした。会社の利害を双肩に背負って経済学説を述べているのですから、これこそまさに本然の重商主義の立場でございます。

『東印度貿易論』

マリーンは、東インド会社はくだらないものを輸入して、銀を運び出すからけしからんといいました。それに対してマンは東インド貿易によって輸入される物品は決して不用なものではないことを強調します。東洋から運んでくる薬材や香料の有用性は科学的にも根拠のあるもので、これはイギリス国民に大いに役に立っている。生糸、これは生糸を原料とする産業が貧しい人々に雇用機会を提供します。それから藍ですね、これは大事な染料を作るための原料ですから、ちゃんと役に立っている。キャリコ、これは高価な輸入品であるリネンの代用品として使うことができるので、リネンを買えない人のためにはキャリコが役に立つし、結局リネンの需要を小さくすることによってリネンの価格を下げることにも貢献しているというのです。役に立たない、役に立たないと非難されるけれど、東インド貿易の輸入商品は、大いに皆さんのお役に立っているのだと、貿易の役割を具体的に弁じました。

輸入品の有用性が立証されたとして、次にそれらをヨーロッパにもたらす輸送の方法はどうでありましょうか。昔はトルコ商人が商売の鍵を握っておりました。あらゆる東方の物産は陸路ラクダの背に積まれまして、西へ西へと運ばれてまいります。そしてアレキサンドリア、アレポオ、あるいはコンスタンチノープルに結集される。そしてヨーロッパの商人たちはこれらの中継点でトルコ商人から品物を買い付けて、それを自国に持っていくわけです。しかし、現在はアフリカの希望岬を回って東インドに抜ける航路が開かれたので、海路東方へ赴いて物産を買い付け、再び船でそれをヨーロッパに運搬するというやり方になった。昔トルコ人から買った値段と、いま船で出かけて現地で買い付ける値段と、どちらが高いか安いか。それは現地で買い付け

『東印度貿易論』
（慶應義塾図書館蔵、高橋誠一郎旧蔵）

るほうが三分の一安い、トルコ人から買うと三倍もするというのです。これほど仕入れ値段が違うのだと強調します。はるばると海路をゆく船の輸送費がかかる、これはバカにならんだろうといわれれば、たしかに左様であるけれども、しかし、イギリスの船舶を使うのであれば、この費用はイギリスの労働者や資材に支払われているのであるから、輸入業者にとってはコストにちがいないが、イギリスの富・財宝が国外に流出するのではない。だからわれわれは決して財宝を無駄遣いしているのではなくて、お国のお役に立っているのだと、マンは明快な文章で力説したのでした。

しかし貴金属が国外へ流出しているのは事実なわけで、これに対する東インド会社の責任はどうなるのか。マンは答えます。たしかに東インド会社は一定限度内の銀の輸出を行なう免許をもっているが、しかし、それを上まわる銀を国にもたらすという義務をも負うているのである。そして同社の実績として、その義務は十分に果たしていることを強調しました。いや一層積極的に、貴金属の輸出は決してイギリスにとって不利なことではなく、いったん流出した貴金属はむしろイギリスの製品に対する輸入市場を形づくる購買力となり、貿易の拡大に資するとマンは考えます。さらに貴金属とひきかえにイギリスに輸入された商品の多くは再輸出されて、再びイギリスに貴金属をもたらすのですから、金銀の輸出は決してとがむべきものではないというのが、マンの弁護論でございました。もし仮に東インド貿易が国益に反するという理由で活動を停止せしめられるとするならば、そのときにはただちにライバルのオランダがその利権を占有して、イギリスはオランダから高価な商品を購入せざるをえなくなる。このなりゆきは明白で、かえって貴金属の大きな流出を招くであろう——このようにマンは雄弁に東インド会社の立場を擁護せんとしたのでした。

こうして東インド会社の活動がイギリスからの貴金属流失の原因でないとすると、それでは流失の真の原因はなんでありましょうか。『東印度貿易論』におけるマンの答えは、次の二点でありました。

まず第一に外国、とくにドイツ、オランダにおける貨幣の品位量目の下落であります。そのために品質の高いイギリスの正貨が外国でプレミアムつきで需要され、イギリスには還流しないことになる。第二に、イギリス通貨の為替相場が低く評価されており、これが貴金属を流出せしめることであります。外国通貨の品位量目が下落すれば、ふつうならば自ら外国通貨の為替相場は下落し、逆にイギリスの相場は上昇するはずでありますが、為替の人為的な操作によって、イギリス通貨の為替相場が低水準におさえつけられる。その結果、イギリスの正貨が流出し、その品位量目が相対的に高いために正貨は外国に滞留して戻ってこないという現象がここで指摘されているわけです。

それではイギリスの通貨を改鋳して品位量目を下げてはどうか。マンはこの方策も有効ではないと考えます。これは結局外国との改鋳競争を招き、泥沼にはまり込むからであります。貴金属の流入を図る方策についいては、マンも決定的な提案をできずにおりますが、結局、外国品に対する需要を抑え、また輸入品と競争しうる国内産業を起こして輸入品の再輸出を促進すること——こうして貿易収支の黒字化を図ることが貴金属の流入、ひいては為替相場の好転に資するとマンは考えたのでありました。

イギリスからの貴金属流出の原因についてマンは以上のように考えた。これは貨幣の品位量目、為替相場の操作という金融面からの説明で、実は地金主義者マリーンの考え方に近いようにも見える。たしかに『東印度貿易論』段階でのマンの議論の中には、古い使用条例に賛同するかのような発言も散見されまして、まだ地金主義的な呪縛から完全には脱却しえていないように思われます。

## 『英国の財宝』（一）――貿易平衡論

さてマンの弁護にもかかわらず、一六二四年の議会におきましては東インド会社への風あたりが一層厳しくなってまいりました。一六二八年、東インド会社は総裁ならびに会社の名において下院に請願書を提出し、同社に対する非難について厳正かつ賢明なる考察をめぐらすよう求めたのであります。これが『ロンドン商人東印度会社の請願と進言』という文書でありまして、この起草にあたったのがほかならぬマンでございました。この文書は同年出版に付されまして、一六四一年に再版されました。『請願と進言』の内容は、マンの代表作とも申すべき『外国貿易による英国の財宝』の前身とみなすことができますので、話しをただちに『英国の財宝』に移すことにしましょう。この本はマンの死後一六六四年に刊行されますが、『東印度貿易論』、『請願と進言』の論旨が一層徹底した明瞭な表現を以て論じられております。

まず巻頭において、一国の富と財宝は貿易によってもたらされること、そして富を増加する方途は貿易収支の黒字によることが鮮明にうたい上げられております。では貿易収支の黒字を維持拡大するためにマンが提案した方策は何々であるか。

まず第一は、外国製品の消費・浪費を抑制して、その再輸出を期すること。第二に、自然的商

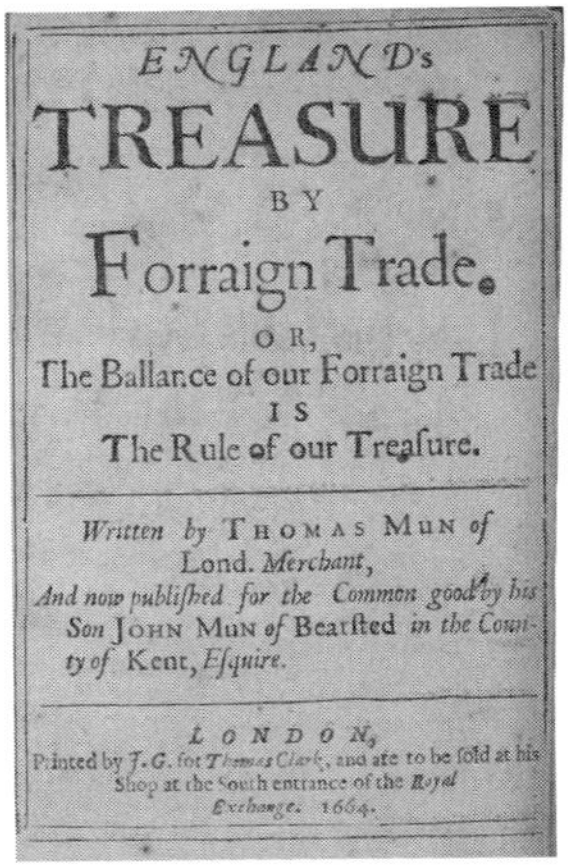
ENGLAND's
TREASURE
BY
Forraign Trade.
OR,
The Ballance of our Forraign Trade
IS
The Rule of our Treaſure.

*Written by* THOMAS MUN *of*
Lond. *Merchant,*
*And now publiſhed for the Common good by his*
*Son* JOHN MUN *of* Bearſted *in the County of* Kent, *Eſquire.*

*LONDON,*
Printed by *J. G.* for *Thomas Clark,* and are to be ſold at his
Shop at the South entrance of the *Royal*
*Exchange.* 1664.

『外国貿易による英国の財宝』
（慶應義塾図書館蔵、高橋誠一郎旧蔵）

品よりも収利性の高い人工的商品を製造する産業に重点を置くべきことが提唱されています。その際、外国市場の不確実性に対して産業を保護する対策の必要性が慎重に注意されてもおります。それから第三に、需要の価格弾力性に気をつけろというのです。値段が上下しても、需要量があまり変わらないものもありますね。例えば、われわれにとって生命にかかわるような必需品は価格が高かろうと安かろうとあまり需要量は動かない。つまり価格弾力性が小さい。それから、価格の変化に対して需要量がかなり増減するものもあります。商品によって価格の弾力性が違うのだからそこに気をつけて、弾力性の小さいものは思いきり高く売れ、弾力性の大きいものについては市場のシェアを失わぬよう、価格を抑える必要があるかもしれない。いずれにしても適切な価格政策の工夫が大切だというわけです。第四に、財だけでなく用役（サーヴィス）の輸出を重視すべきこと、これであります。ヨーロッパとアジアの交易は一方通行で、アジアの商品とヨーロッパの貴金属が交換されるというパターンですから、貴金属が出ていってしまったきり、回収しにくいわけです。それをもう一度取り戻すためには、東方の国々にイギリスの用役を提供しようじゃないか。たとえば、船舶による輸送サーヴィスです。その対価として、一遍出ていった貴金属を再びイギリスに取り戻すことができようという提案であります。

以上のようにマンは、東インド貿易をはじめとする遠隔地との商業活動を弁護し、その発展がイギリスにとっても望ましい効果を有するものと論じました。

ここでマンにとって重要なことは、トータルとしての貿易収支が黒字になることでありまして、個々の取引の収支は必ずしも黒字である必要はないこと、これでございます。対東インドの個別的貿易収支は赤字であったとしても、それによってもたらされる東方の物産は、イギリス国民によって利用されるのみならず、さらに再輸出されて、イギリスに収入をもたらし、トータルとして貿易収支が順調になることが望ましいと考えるところに、マンと地金主義者との本質的な相違が存在するのでございます。

貴金属の輸出も、この目的にかなう限りにおいて認められるべきもので、たとえば銀のタームで測った東西の物価の差を利用しての、いわば安く買って高く売るための銀輸出は当然是認されるべきものと主張されたのでした。マンはこのような論拠によって、東インド会社の活動を正当化しようと努めたのであります。

『英国の財宝』の論述をていねいに見てまいりますと、『東印度貿易論』と比べて、いくつかの点で地金主義の立場からマンがはっきりと袂別《べいべつ》していることが読みとれます。それは重商主義研究家のマッチモアなどもいうように、分析の視野の長期化ということにも関連があると思われます。

## 『英国の財宝』（二）——ヒュームの原理

為替相場についてみてみましょう。『東印度貿易論』では為替相場の人為的操作を貴金属流出の一因とみなして、それに苦々しく手をやいているところがありました。ところが『請願と進言』、『英国の財宝』になりますと、為替操作による即時的・短絡的流出の問題は大分後退しまして、為替相場は結局貿易収支の順逆に依存して定まるものという、長い期間でのメカニズムが重視されるようになったことが注目されます。東インド会社の活動によって貿易収支が順調になれば、結局早晩は為替相場も順調になるのだという論旨で、会社を弁護する有利なスタンスを見出しているわけです。

使用条例についての見方も、『東印度貿易論』では、まだこれを支持するかの如き言説が残っておりましたが、『英国の財宝』では使用条例を否定する姿勢が明確になっております。つまり英国への輸出から得た正貨はイギリス製品の購入に費さねばならないということの規制は、必ず相手国の報復を招くと同時に、貿易の規模を縮小化し、結局イギリス商人、海運業者たちの利益を損うものであるというのであります。正貨輸出を禁ずれば、法を犯して地金を輸送するコストは異常に大きくなりますから、現送点と平価との幅が大きくなり、結局為替相場は平価よりも大幅に下がる可能性が生ずるとの見解も、取引の自由をもとめるマンらしい意見であります。

さてマンは本然の重商主義者として貿易平衡論の立場から、貿易収支の黒字化、貴金属流入確保の道を提示しましたが、あらためて考えてみますと、貴金属流入を促進するのは一体何のために必要だったのでしょう。金銀が流入すればするほどいいのでしょうか。貴金属がはいってくればはいってくるほどたしかにいい、しかしそのまま放っておくとそれは腐る――これがマンの意見です。畑に肥やしをやるとき、肥やしをそのまま放置しておけば臭気を発して誰れにも嫌がれるものになってしまいます。それは撒布することによってはじめて土壌を豊かにするのです。金・銀の国内における蓄積滞留は必ず国内物価の上昇をもたらすというジャン・ボーダン以来の知恵をマンは既に知っておりました。そして、国内物価が上がると外国商品の方が安いですからみんな外国品を買うようになって輸入が促進され、逆に輸出は抑えられて貿易収支にマイナスの作用を及ぼす可能性があります。したがっていったん流入した貴金属は再び外国に還流すべきものと考えられたのです。これは十八世紀、アダム・スミスと同時代人のデイヴィッド・ヒュームが論じました基本的な経済のメカニズムなのですが、それを百年前のトマス・マンはもう知っていたわけです。金・銀を溜め込むことによって国内物価が上がり、外国商品を求める人々が多くなって、輸入が増え、輸出が減ってまた銀が枯渇していくということを彼は知っておりました。だからはいってきた銀は使わなければいけない。それを積極的に使って外国から輸入をして、さらに付加価値を与えてもっと高く売る。外国へ流出した金・銀は翻って外国の購買力となり、再びイギリスに対する需要に向かいます。するともっと多くの金・銀がはいってきます。もっと多くの銀がはいってきたならば、それをまた外国に出して、その代わりに商品を輸入し、それに付加価値をつけてまた輸出をする、そうするともっと多くの金・銀が儲かる。この循環現象――これこそがマンが望み求めたイギリス経済にとってあるべき貿易の姿だったのでしょう。マンにとって金・銀はあくまでも自由主義的な経済運営の下で貿易を拡大発展せしめるための機動力にほかならなかったわけです。

## 法律による利子率の引き下げ

それから、もう一つ大切な論点を付け加えておきます。当時のイギリス経済の論客たちの多くは、オランダの経験に学ぼうとしました。経済的繁栄を誇るオランダに学ぶべき点は、金利を低くすることだと多くの人が主張しました。トマス・カルペッパー、ジョサイア・チャイルドなどがそのような主張をした代表格で、この問題は十七世紀をつうじて大きな論争点になりました。

トマス・マンはそれに反対したのです。ところが、これは正確な根拠を欠き、誤解に基づく発言も含んでいたと思います。マンは、高い金利は景気が良いことの現われだというのです。景気が良いときに資金需要が高くなれば金利も高くなり、それが同時に観察されるので、マンの意見は一応もっともです。景気が良くなると金利が高くても事業を拡大しようとする。みなそのための資金が欲しいので、金利も徐々に上がるのは当たり前のことであります。好景気と高金利とが同時に観察される。だからマンは金利が高いことは景気が良いことの現われだというのです。たしかにこれは間違いではない。ところが論理がだんだんあやしくなってきて、金利が高いことが景気が良いことの原因だと考え始めるのです。これは間違った推論です。同時に観察される事実のどちらが原因で、どちらが結果かということを見極める推論の力がまだ弱かったのですね。マンはそこで誤りをおかしている。

その点を正しく理解したのは、もうすこしあとの時代のサー・ダッドレー・ノースおよびジョン・ロックでありましょう。このふたりの時代になりますと、推論が格段にしっかりしてきます。結論はマンと同じで、法律的に金利を下げるのは反対――なぜか。いまたとえば六%ならお金を貸そうと思っている人がいる。ところが法律によって四%に金利を強引に下げますと、この人は四%じゃごめん蒙るというかもしれない。つまりリスクを負担してお金を貸すわけでありますから、そのリスクに見合う収益を回収できる金利でないと、貸し手はお金を出さないわけです。市場は六％の金利を要求しているのに、それを法律によって強引に四％に下げれば貸し手は手を引っ込めてしまう。今日いうところの貸し剥がし、貸し渋りという事態を起こしてしまうに違いない。だから市場の力で自然に金利が四％に下がってくるのならよいのですが、六％の金利を、法律を以て強引に四％に下げるという措置はかえって経済を縮小させてしまうので、望ましくない。これがノースとロックの意見でした。かれらもまた資金の貸借の場における自由な取引の利点を主張したわけです。

彼らがこのようにいう背景には、金利は資金の需要と供給の嚙み合うところで決まるのだというメカニズムの理解がしっかりとできています。マンの場合にはまだそれがありません。ノースとロックの頭の中では、金利だけの問題ではなく、一般の商品でも同じことで、ものの値段は売ろうとする意欲と買おうとする意欲がちょうどバランスするところで決まるのだという構図が明確に理解されている。その意味で、はじめて「経済原論」と称しうる書物を書いたのはジョン・ロックではないかと思うのです。マンとロックの間には、それだけの学問上の開きがあるといってよろしいのではないかと思います。

重商主義の三百年がどういう時代であったか。この時代の最も典型的な論客のひとりとして、私は焦点をトマス・マンに絞りました。典型的な重商主義者であるトマス・マンが、いったい何を具体的にいったのか、どこに限界があったのか――これをいま申したつもりでございます。そしてそこに一貫して流れている取引の自由の主張を確かめえたのではないかと存じます。

## 述ベテ作ラズ

最後に高橋先生の学問の姿勢について、ひとつだけ私の考えますところを申し上げ、併せてそこから導かれる先生の重商主義観を要約致しまして今日の話しを終えたいと思います。それは要するに、高橋先生の学問は本質的に「述ベテ作ラズ」の学問であったということです。スミスの『国富論』や、ケインズの『一般理論』は、述べて作った作品だと思います。スミスの『国富論』の第四篇、これは徹底した重商主義の批判でございます。スミスによれば、重商主義は貨幣と富とを混同し、富を獲得するために貿易の差額を重視して、さまざまな規制によって貿易収支の黒字を図る体系だというのです。スミス自身は利己心に基づく自由な経済活動をつうじて、経済は自らあるべき落ち着きどころに達すると考え、『国富論』の全巻をあげてこの主張を論証しようと致しました。この試みを印象深く遂行するために重商主義に敵役としての役づくりを施し、これを相手にして、自らの自由主義を浮き上がらせたかったのです。そのために重商主義の一部の人はたしかにそういったかもしれないけれど、決してそれが典型的な重商主義の意見とはいえないものを、あたかも重商主義者の共通の意見であるかのように作り上げた。スミスの重商主義は自らの主張を浮き上がらせるために「拵えられた敵」の姿であり、また『国富論』第四篇は自説を際立たせるために上手に作られた「物語」だったのです。

ケインズ卿の『一般理論』第二十三章、これも重商主義論です。スミスとは逆にケインズはむしろ重商主義を味方につけようと企みました。ケインズが古典派と呼んで攻撃の対象としたマーシャル、ピグーといった人たちは完全雇用の回復を目指す財政政策、金融政策の必要性を否定しました。ケインズはそうではなくて、市場の自律的な調整作用が機能障害に陥る病理と、その治療策として可能な政策的手段を徹底的に解明しようとしました。そして自分の発言に援軍を求め、勢いづけるために重商主義をつかったわけです。これもケインズが「拵えた」重商主義の「物語」だと思います。もちろん本の書き方としてはスミスやケインズのやり方もありうるひとつの芸だと思います。

でも高橋先生の読み方、書き方はそれとは自ら違ったものでありました。これを私は「述ベテ作ラズ」の学風と呼びたいと思います。まず典拠とすべき最良の版本を求め、あえて個性を没却して、それを一点一画をもゆるがせにせずに読む。ひたすらに読んで、読み抜いて、その極みに残る硬いひと握りの実質を摑もうとする――それが高橋先生の学問でした。スミスの拵えた重商主義の「物語」に対して、先生は重商主義の本質をどのように把握されたか。読みぬいた極みに先生の掌中に残った実質は何か。以下、すこし長くなりますが、先生の主著の一節を引用致します。

「然れどもマーカンタイル・システムはスミスを通じて之れを觀察する多數の人々の想像するが如く、一時歐洲產業の全般を羈束しつゝありし制規拘束の制度を創始せるものに非ず。生產者及び商人はマーカンチリズムの存在するに至る久しき以前より此の時代に於けるよりも遙かに強大なる手枷足枷を施されつゝありしなり。マーカンチリストは其の後繼者よりも僅かに一歩遲れたる自由主義者なりき。先づ金銀輸出の點に關し、國家は果して商人をして、其の任意に行動せしむるに由りて利益を受くるや否やの問題は軈がて一般的性質を帶ぶるに至り、時代の思潮を經濟的自由主義に導くに至れるなり、實にアダム・スミス及び自由主義的經濟學說はマーカンチリストの事業を繼續し擴張せるものなりき。」

本日の講演で私は、貿易問題をめぐるマン、そして金融問題をめぐるロックを材料に、先生のこの見解を具体的に証明したいともくろんでいたのですが、いかがだったでしょうか。

## おわりに

「述べテ作ラズ」——私は小泉信三先生の歿後四十年を記念する講演を致しましたときに、同じ言葉を使ったことがありました。そのときに森鷗外の『澀江抽齋』、それから幸田露伴の『運命』を引き合いに出しました。たしかな典拠によりながら、徒らに作為を混えず、事実と目されるものだけを淡々と叙することのなかから自ら香り立つ味わいと格調、それを尊重する創作姿勢こそが、これらの作品に共通するものであることを述べたのでした。この姿勢が個性没却の学問の姿勢と裏表の関係になっていることもその折に申したとおりです。

私は高橋先生の『重商主義經濟學説研究』という作品もそういう本だと思うのです。作為を混えず、個性を没却して読み抜いた極みに、最後に残る硬いひと握りの実質――それをごく言葉を惜しんで数行のうちに叙した文章の実例が先ほど朗読致しました一節でございます。

こう考えますとき、私の感想は冒頭に申しましたことに戻ってきます。こういう仕事ぶりを高橋先生に可能にしたのは、慈む学問だった。つまりこれだと思う版本を、多少の無理をしても身近に置いて、いつでも好きなときに手に取って、玉のごとく慈むようにそれを読む日常のなかから生まれてきた学問、これが高橋先生の学問でした。

先生は浮世絵の愛好家として春信の作品を眺めながら長閑な連想の浮かぶ味わいを楽しまれました。広重の五十三次は、草鞋がけで京にのぼるような気分で一枚一枚見てゆきたいといわれました。こういう浮世絵との接し方は美術館のガラス越しの鑑賞からは決して生まれてきません。いつでも手にとって、こたつにでもはいりながら慈むように眺める日常から生まれてくるものでしょう。先生は、経済学史上の名著ともまた、同じ気分で日々接しておられたのであります。これを以て私の話しの結論と致します。有難うございました。

〈おもな参考文献〉

Ⅰ高橋誠一郎の重商主義研究

［1］『經濟學前史』（改造社）昭和四年．／［2］『重商主義經濟學說研究』（改造社）昭和七年．／［3］『古版西洋經濟書解題』（慶應出版社）昭和十八年．／［4］『西洋經濟古書漫筆』（好学社）昭和二十二年．

Ⅱその他（マン、ロックらの作品は除く）

［5］J. D. Gould, "The Royal Mint in the Early Seventeenth Century", *Economic History Review*, 2nd Ser., 5 (1952), 240-248.／［6］同 "The Trade Depression of the Early 1620's", *Economic History Review*, 2nd Ser., 7 (1954), 81-90.／［7］同 "The Trade Crisis of the Early 1620's and English Economic Thought", *Journal of Economic History*, 15 (1955), 121-133.／［8］T. Hutchison, *Before Adam Smith*, (Blackwell, Oxford), 1988.／［9］小林昇「重商主義」大塚久雄他編著『西洋経済史講座』Ⅱ（岩波書店）昭和三十五年所収．／［10］W. Letwin, *The Origin of Scientific Economics*, (Methuen, London), 1963.／［11］L. Magnusson, *Mercantilism*, (Routledge, London/New York), 1994. 熊谷次郎・大倉正雄訳『重商主義』（知泉書館）平成二十一年．／［12］L. Muchmore, "Gerard de Malynes and Mercantile Economics", *History of Poitical Economy*, **14** (1969), 336–358. ／〔13〕 同 “A Note on Thomas Mun’s ‘England’s Treasure by Foreign Trade’ ”, *Economic History Review*, 2nd Ser., **23** (1970), 498–503. ／〔14〕 大出晁『知識革命の系譜学』（岩波書店）平成十六年. ／〔15〕 L. Robbins, *A History of Economic Thought*, (Princeton Univ. Press, Princeton) 1998. ／〔16〕 B.E. Supple, “Thomas Mun and the Commercial Crisis, 1623”, *Bulletin of the Institute of Historical Research*, **27** (1954), 91–94.

## 編者・講演者紹介（掲載順）

〈編者〉

塩澤修平（しおざわ・しゅうへい）

慶應義塾大学経済学部教授。1955年生まれ。慶應義塾大学経済学部卒業。ミネソタ大学大学院修了。Ph.D. in Economics。専門は理論経済学。2001年～2003年内閣府国際経済担当参事官、2005年～2009年慶應義塾大学経済学部長。主著：『現代金融論』（創文社、2002年）、『説得の技術としての経済学』（勁草書房、2008年）。

〈講演者〉

渡辺　保（わたなべ・たもつ）

演劇評論家。1936年生まれ。慶應義塾大学経済学部卒業。東宝入社ののち執筆活動に入る。淑徳大学教授、放送大学教授を歴任。
主著：『女形の運命』（紀伊國屋書店、1974年）、『黙阿弥の明治維新』（新潮社、1997年）、『江戸演劇史』上下（講談社、2009年）。

犬丸　治（いぬまる・おさむ）

演劇評論家。1959年生まれ。慶應義塾大学経済学部卒業。歌舞伎学会運営委員。主著：『市川新之助論』（講談社現代新書、2003年）、『天保十一年の忠臣蔵　鶴屋南北『盟三五大切』を読む』（雄山閣、2005年）、『歌舞伎座を彩った名優たち―遠藤為春座談―』（編・註、雄山閣、2010年）。

内藤正人（ないとう・まさと）

慶應義塾大学文学部准教授。慶應義塾大学アート・センター副所長。1963年生まれ。慶應義塾大学文学部史学科国史学専攻卒業。同大学院文学研究科哲学専攻修士課程修了。博士（美学）。専門は日本美術史。主著：『浮世絵の歴史』［共著］（美術出版社、1998年）、『浮世絵再発見』（小学館、2005年）。

佐藤禎一（さとう・ていいち）
東京国立博物館名誉館長、国際医療福祉大学大学院教授・学事顧問。1941年生まれ。京都大学法学部卒業。博士（政策研究）。文部事務次官、日本学術振興会理事長、ユネスコ代表部特命全権大使等を歴任。主著：『我が国の教育改革の軌跡と世界の動き』（国立情報学研究所、2001年）、『文化と国際法』（玉川大学出版部、2008年）。

猪木武徳（いのき・たけのり）
国際日本文化研究センター所長。1945年生まれ。京都大学経済学部卒業。マサチューセッツ工科大学大学院修了。Ph.D.in Economics。大阪大学経済学部教授を経る。専門は労働経済学、経済思想、現代日本経済史。主著：『経済思想』（岩波書店、1987年）、『日本の近代⑺　経済成長の果実』（中央公論新社、2000年）。

坂本達哉（さかもと・たつや）
慶應義塾大学経済学部教授。1955年生まれ。慶應義塾大学経済学部卒業。同大学院経済学研究科博士課程単位取得退学。経済学博士。専門は社会思想史、18〜9世紀のイギリス思想。2005年〜2009年慶應義塾常任理事。主著：『ヒュームの文明社会―勤労・知識・自由―』（創文社、1995年）、『黎明期の経済学』［編著］（日本経済評論社、2005年）。

福岡正夫（ふくおか・まさお）
慶應義塾大学名誉教授。1924年生まれ。慶應義塾大学経済学部卒業。経済学博士。1960年慶應義塾大学経済学部教授。慶應義塾大学経済学部長、同大学院経済学研究科委員長、慶應義塾常任理事を歴任。専門は理論経済学。主著：『一般均衡理論』（創文社、1979年）、『貨幣と均衡』（創文社、1992年）、『均衡分析の諸相』（岩波書店、2007年）。

丸山　徹（まるやま・とおる）
慶應義塾大学経済学部教授。1949年生まれ。慶應義塾大学経済学部卒業。同大学院経済学研究科修士課程修了。経済学博士。専門は函数解析学、数理経済学。主著：『積分と函数解析』（シュプリンガー東京、2006年）、『新講経済原論』第二版（岩波書店、2006年）。

高橋誠一郎（たかはし・せいいちろう）略歴

1884（明治17）年新潟に生まれる。1898（明治31）年慶應義塾普通科入学。1908（明治41）年慶應義塾大学部政治科卒。1914（大正３）年慶應義塾大学部理財科（現在の大学経済学部）教授に就任し、経済原論・経済学史を講ずる。以来、1978（昭和53）年まで三田で講義を続け、義塾における経済学研究の礎を築いた。慶應義塾長代理、文部大臣、日本藝術院院長、国立劇場会長等を歴任。1979年文化勲章受章。1982（昭和57）年２月９日逝去。『重商主義経済学説研究』をはじめとする経済学上の主著は『高橋誠一郎経済学史著作集』（全４巻）にまとめられ、また愛着の深かった浮世絵については『浮世絵二百五十年』および『高橋誠一郎コレクション・浮世絵』（全７巻）、その他多くの随筆集がある。

# 高橋誠一郎　人と学問

2010年7月31日　初版第1刷発行

編　者———塩澤修平
発行者———坂上　弘
発行所———慶應義塾大学出版会株式会社
〒108-8346　東京都港区三田2-19-30
TEL〔編集部〕03-3451-0931
〔営業部〕03-3451-3584〈ご注文〉
〔　〃　〕03-3451-6926
FAX〔営業部〕03-3451-3122
振替　00190-8-155497
http://www.keio-up.co.jp/
装　丁———鈴木　衛
印刷・製本—港北出版印刷株式会社
カバー印刷—株式会社太平印刷社


Printed in Japan　ISBN978-4-7664-1755-5

慶應義塾大学出版会

# 新編 随筆 慶應義塾

高橋誠一郎 著

慶應義塾の歴史と人物を描く『随筆 慶應義塾（正）（続）』を新編集で復刊。

慶應義塾普通科入学以来、八十年余を送った三田での生活のなかから生まれた痛快な出来事、恩師や朋友、後輩への追憶などを情感あふれる文章で綴る。

四六判／上製／404頁
ISBN978-4-7664-1668-8
C0095
本体3,200 円

◆目次◆



表示価格は刊行時の本体価格（税別）です。